DAS WIWALDI PARTYKOCHBUCH

Die besten Rezepte von Wiwaldi, Horst-Pferdinand & Co.

INHALT

Wiwaldis Party für Freunde .... Seite 4

Horst-Pferdinands Zirkusparty .... Seite 20

Purzels Grillparty .... Seite 34

Die „Kochen wie bei Omi Flönz"-Party...... Seite 50

Die „Alles ist schief gegangen"-Party
vom Jammerlappen .... Seite 64

Die Cocktailparty vom Hai........................ Seite 74

Charming Traudls Single-Party .... Seite 88

Kakerlaks „Tag danach"-Party................ Seite 104

VORWORT

Hallöchen, lieber Leser oder liebe Leserin!

Wenn Sie wie ich kein großer Bücherleser sind, weil Sie keine Lust haben, zu intellektuell zu wirken, oder weil die vielen Buchstaben Sie irritieren … kein Problem! Dies ist das erste Buch der Welt, in dem Sie sich Filme angucken können. Zumindest das erste von mir.

Das Stichwort lautet QR. Das ist nicht etwa die Abkürzung für „Quietschende Rüsselmolche", „Quengelnde Randgruppen" oder „Qualvolle Rächtschraibfeeler". Es steht für „Quick Response", und das sind diese putzigen schwarzweißen Kästen, die aussehen wie eine fiese Hautkrankheit bei Zebras. In diesem Buch finden Sie immer wieder diese QR-Codes … und wenn Sie mit einem entsprechenden Scanner (beliebige kostenlose App zum Scannen von QR-Codes) auf Ihrem Smartphone oder Tablet darauf zeigen, bekommen Sie einen exklusiven Film in diesem beliebten Internet zu sehen! Ist das nicht toll? Ich finde schon! Probieren Sie es einfach mal aus! Hier ist auch schon der ersten QR-Code:

QR-Code-Kommentar:

Falls Sie kein Smartphone besitzen oder dieses Buch erst 57 Jahre nach Erscheinen in einem Antiquariat gekauft haben und das Internet längst abgeschafft wurde, können Sie sich auch einfach nur die hübschen QR-Muster angucken. Wenn Sie lange genug draufstarren, erkennen Sie vielleicht auch irgendwas Schönes … Viel Spaß!

Wiwaldi

PS: Oder Sie schauen hier mal nach: www.komet-verlag.de/wiwaldi

Wiwaldis Party für Freunde

Wiwaldi:

Worüber soll ein Hund ein Buch schreiben? Die Themengebiete Zeckenbefall, Halsbandmode und Schwanzwedeln sind nicht sehr massentauglich und sowieso schon tausendmal da gewesen. Für einen Roman hab ich zu wenig Ideen und für Kurzgeschichten zu viele. Ich habe nur ein Thema, das mir am Herzen liegt, und das sind meine Freunde.

Vielleicht kennen Sie einige von ihnen aus dem Fernsehen, aus dem Internet oder aus Versehen: Das alte Zirkuspferd Horst-Pferdinand, Charming Traudl, das Ehepaar Flönz, der Jammerlappen, der Kakerlak, der Hai und Purzel. Sie alle haben an diesem Buch mitgearbeitet. So verschieden wir auch sind, eines haben wir gemeinsam – wir feiern gerne! Aber jeder hat seine eigene Art, Partys zu feiern und Gäste zu bewirten.

Ich zum Beispiel liebe Feiern im kleinen Kreis. Ich führe lustige, aber belanglose Gespräche, achte darauf, dass jeder sich wohlfühlt, und wenn die Stimmung zu kippen droht, muntere ich alle mit ein paar Partyspielen auf oder gehe einfach mit allen Gassi.

Natürlich gibt es auch was zu essen! Bei meiner Party gibt es aber mehr als die übliche Dose Hundefutter oder Pansen. Ich liebe Rezepte, die schnell gehen, raffiniert sind und jeden das sagen lassen, was ein Hund auch immer sagt: „Wau!"

Hier meine Lieblingsrezepte für den perfekten Abend mit Freunden! Übrigens gibt es zu jedem Rezept eine vegetarische Variante. (Falls Sie zu den vegetarischen Rezepten eine Fleischvariante brauchen … hauen Sie sich einfach immer noch ein Steak in die Pfanne!)

DAS DARF AUF KEINER PARTY FEHLEN:

PARTYLÖWE

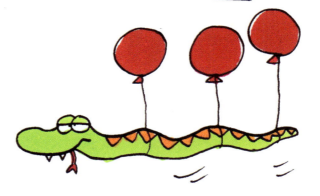

LUFTSCHLANGE

TANZMAUS

STIMMUNGSKANONE

FINGERFOOD

EISBRECHER

Olivenmuffins

Für 12 Muffins

1 kleine Knoblauchzehe
2 kleine Frühlingszwiebeln (ca. 40 g)
1 Zweig Rosmarin
20 g getrocknete Tomaten in Öl
1 Tl Butter
Pfeffer
Salz
1 Tl weißer Aceto balsamico
110 g Mehl
1 gestr. Tl Backpulver
1 Prise Zucker
2 Eier (Größe M)
20 ml Olivenöl
40 ml Milch
75 g grüne Oliven in Scheiben
200 g Frischkäse (Doppelrahmstufe)
3 El fein gehackte frische Kräuter
  (Basilikum, Rosmarin, Thymian,
  Petersilie, Majoran)
10 gefüllte Oliven, halbiert

Den Knoblauch hacken. Die Frühlingszwiebeln putzen, waschen und in feine Streifen schneiden. Die Rosmarinnadeln abzupfen und hacken. Getrocknete Tomaten fein schneiden. Die Butter in einer Pfanne zerlassen und Frühlingszwiebeln und Knoblauch darin 2–3 Minuten anschwitzen. Tomaten und Rosmarin dazugeben. Mit Pfeffer, Salz und Essig würzen und abkühlen lassen. Den Backofen auf 160 °C (150 °C Umluft) vorheizen.

Das Mehl mit Backpulver und Zucker in einer Schüssel mischen. Eier und Olivenöl schaumig schlagen. Mit der Milch zu den trockenen Zutaten geben und zu einem groben Teig rühren. Die Frühlingszwiebel-Tomaten-Mischung und die Olivenscheiben unterheben. Den Teig in Muffinförmchen füllen und ca. 50 Minuten goldgelb backen. Abkühlen lassen.

Frischkäse und Kräuter cremig rühren. Mit Salz und Pfeffer abschmecken. Die Creme mit einem Spritzbeutel auf die Muffins spritzen oder mit einem Löffel, einem Streichmesser oder einer Bauarbeiterkelle darauf verstreichen (womit Sie eben so am besten umgehen können). Jeden Muffin noch mit einer halben Olive verzieren.

Wiwaldi:

Gäste sind wie Hunde. Wenn sie artig sind, sich benehmen und nicht auf den Teppich machen, bekommen sie ein Leckerli. Zum Beispiel einen dieser köstlichen Olivenmuffins!

Zubereitungszeit: ca. 20 Minuten
(plus Backzeit)
Pro Stück ca. 148 kcal/620 kJ
4,2 g E, 11,2 g F, 7,6 g KH

Möhren-Kürbis-SUPPE

Für 4 Personen

1 Kartoffel (mehlig kochend)
400 g Hokkaido-Kürbis
200 g Möhren
3 Schalotten
2 Knoblauchzehen
2 El Olivenöl
600 ml Gemüsebrühe
2 Zweige Thymian
1 Zweig Oregano
1 Zweig Rosmarin
Salz
Pfeffer
ca. 2 El Zitronensaft
etwas abgeriebene Zitronenschale
  von einer Bio-Zitrone
150 g Crème fraîche

Kartoffel schälen und waschen. Kürbis waschen, halbieren und die Kerne herauslöffeln. Möhren waschen und schälen. Die Schalotten und den Knoblauch abziehen. Alle Zutaten klein würfeln. Öl in einem großen Topf erhitzen, Schalotten und Knoblauch darin kurz andünsten. Kartoffel, Möhren und Kürbis zugeben (beim Hokkaido-Kürbis kann die Schale mitgegessen werden). Mit Brühe auffüllen.

Kräuterzweige waschen und trocken schütteln. Einen Zweig Thymian für die Dekoration beiseite legen, die restlichen Kräuter dazugeben (also zur Suppe, nicht zur Dekoration!). Alles ca. 15 Minuten bei kleiner Hitze (also Hitze im Topf! Nicht in Ihrer Wohnung!) köcheln lassen. Kräuterzweige entfernen, Suppe pürieren und mit Salz, Pfeffer, Zitronensaft und -schale abschmecken. 100 g Crème fraîche einrühren. Suppe in Schälchen verteilen, jeweils mit einem Klecks Crème fraîche garnieren und mit Thymian bestreuen. Dazu schmeckt Baguette.

Wiwaldi:
Sicher haben Sie schon mal alleine eine Suppe ausgelöffelt, die Sie sich selbst eingebrockt haben. Bei dieser Suppe werden Sie Hilfe von Ihren Gästen bekommen, denn sie ist einfach köstlich! Und das, obwohl überhaupt kein Hundefutter drin ist!

Zubereitungszeit: ca. 20 Minuten
(plus Garzeit)
Pro Portion ca. 250 kcal/1047 kJ
4 g E, 19 g F, 15 g KH

Kürbisknochen
auf Salat

Für 4 Personen

600 g Kürbis (am besten Butternut)
100 ml Gemüsebrühe
1–2 El Olivenöl
1 Knoblauchzehe
Salz
Pfeffer
1 Tl getrockneter Rosmarin
500 g gemischter grüner Salat
150 g Feta

FÜR DAS DRESSING:
1 El Senf
5 El Orangensaft
1 El Weißweinessig
1 El Zitronensaft
1 El Honig
1 El Agavendicksaft
6 El Olivenöl
Salz
Pfeffer

Den Backofen auf 200 °C (Umluft 180 °C) vorheizen. Ein Backblech mit Backpapier auslegen. Knoblauch klein hacken. Den Kürbis schälen und in ca. 1 cm dicke Scheiben schneiden (dabei die Kerne entfernen). Aus dem Kürbis mit einem entsprechendem Ausstechförmchen Knochenformen ausstechen. Diese auf das Backblech legen, die Gemüsebrühe darüber gießen und die Knochen mit Olivenöl bepinseln. Den Knoblauch und Rosmarin darüber verteilen, salzen und pfeffern. Nun alles ca. 20 Minuten im Ofen bissfest garen.

In der Zwischenzeit den Salat putzen, waschen und trocken schleudern. Den Feta zerkrümeln. Für das Dressing alle Zutaten miteinander verrühren. Salat und Dressing mischen, mit Feta bestreuen und die Knochen darauf arrangieren.

Wiwaldi:
Wenn Sie keine Knochenausstecher besitzen, können Sie auch andere Formen ausstechen: Herzen, Sterne, Berggorillas, Wandernacktschnecken oder Zentralheizungen ... Was Sie eben so gerade da haben. Zur Not schneiden Sie einfach was mit einem Messer aus.

Zubereitungszeit: ca. 30 Minuten (plus Backzeit)
Pro Portion ca. 330 kcal/1400kJ
9 g E, 27 g F, 13 g KH

Penne
mit Gemüse-Arrabbiata

Für 4 Personen

500 g Penne
2 Zwiebeln
6 Knoblauchzehen
1 Zucchini
2–3 frische rote Chilischoten
500 g Cocktailtomaten
1 Bund Basilikum
2 El Olivenöl
Salz
Zucker
200 ml trockener Weißwein
1 El Tomatenmark
Pfeffer
1 Spritzer Zitronensaft

Die Penne nach Packungsanweisung zubereiten (Packung bitte vorher entfernen!). Zwiebeln und Knoblauchzehen schälen und fein hacken. Die Zucchini putzen, waschen und fein würfeln. Die Chilischoten fein hacken. Tomaten waschen und würfeln, Basilikum waschen, trocknen und die Blätter abzupfen. Das Olivenöl in einer Pfanne erhitzen. Die Zwiebeln darin glasig dünsten. Dabei etwas Salz und Zucker einrühren. Knoblauch und Chili 2 Minuten mitdünsten. Zucchini und Tomaten dazugeben und den Wein hinzufügen. Alles aufkochen lassen und das Tomatenmark einrühren. Mit Pfeffer und Zitronensaft würzen. Die Sauce etwa 10 Minuten köcheln lassen. Kurz vor dem Servieren noch einmal abschmecken und die Basilikumblätter unterrühren. Mit den Penne vermischen.

Wiwaldis Tipp:

Wenn Sie vorher wissen wollen, wie scharf die Chilis sind, reiben Sie sich einfach mal mit den aufgeschnittenen Schoten die Hände ein und greifen sich dann ins Auge. Ihr Notarzt wird Ihnen dann sicher mitteilen, um welchen Schärfegrad es sich gehandelt hat.

Wiwaldi:

Der Titel klingt wie eine Aufforderung zu Sex mit einer Gemüsesauce. Aber „Penne" ist in diesem Fall natürlich kein Imperativ, sondern eine Nudel.

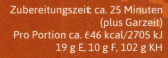

Zubereitungszeit: ca. 25 Minuten
(plus Garzeit)
Pro Portion ca. 646 kcal/2705 kJ
19 g E, 10 g F, 102 g KH

Risotto
mit Steinpilzen

Für 4 Personen

250 g frische Steinpilze
  (oder 50 g getrocknete)
1 Zwiebel
3 El Butter
400 g Risottoreis
1 l heiße Gemüsebrühe
50 ml Weißwein
Salz
Pfeffer
50 g Parmesan
2 El frisch gehackte Petersilie

Frische Steinpilze putzen und klein schneiden (getrocknete Pilze in 200 ml warmen Wasser einweichen, das Einweichwasser wird mitverwendet). Die Zwiebel schälen und hacken. 2 El Butter in einer Pfanne erhitzen. Zwiebel und Steinpilze darin anschmoren. Den Risottoreis zugeben und unter Rühren weiterschmoren, bis der Reis leicht glasig wird.

Nach und nach die Gemüsebrühe (bei Verwendung von getrockneten Pilzen nur 750 ml) und den Weißwein zugeben, bis der Reis alles vollständig aufgesogen hat und cremig ist. Mit Salz und Pfeffer würzen. Den Parmesan reiben, mit der restlichen Butter und der Petersilie unter das Risotto heben und servieren.

Wiwaldis Tipp:

Wenn Sie keine Steinpilze bekommen, können Sie auch andere Pilzsorten verwenden. Für Gäste, die Sie mögen, empfehlen sich z. B. Champignons oder Austernpilze. Für Gäste, die Sie hassen, sind Fliegen- oder Knollenblätterpilze nicht schlecht. Vergessen Sie aber nicht, sich ein Alibi zurechtzulegen!

Zubereitungszeit: ca. 30 Minuten
Pro Portion ca. 498 kcal/2092 kJ
14 g E, 12 g F, 80 g KH

Kräuterschnitzel
AM SPIESS

Für 12 Schnitzel

400 g Schweinefilet (oder Seitan, falls Sie das Gericht vegetarisch möchten)
Pfeffer
Salz
6 El gemahlene Haselnüsse
6 El Semmelbrösel
2 Tl Petersilie
2 Tl Schnittlauch
2 Tl Majoran
2 El Mehl
2 Eier
Öl zum Braten
Holzspieße

Das Schweinefilet in 12 Scheiben schneiden und diese platt klopfen (oder alternativ den Seitan in 12 dünne Scheiben schneiden). Mit Pfeffer und Salz würzen. Haselnüsse, Semmelbrösel und Kräuter vermischen.

Die Filetscheiben nacheinander in Mehl, verquirltem Ei und Haselnuss-Kräuter-Mischung panieren.

In einer Pfanne in Öl von jeder Seite ca. 2 Minuten knusprig braten und abkühlen lassen. Holzspieße hineinstecken. Dazu passt z. B. der Apfel-Curry-Dip auf Seite 44.

Wiwaldi:
Warum nicht mal ein Schnitzel als Fingerfood auf einer Party anbieten? Sie müssen das Fleisch vor dem Panieren einfach nur sehr klein schneiden. Außer Ihre Gäste haben alle unglaublich große Hände. Dann können Sie die Schnitzel auch in ihrer normalen Größe lassen.

Zubereitungszeit: ca. 25 Minuten
(plus Bratzeit)
Pro Portion ca. 87,5 kcal/364 kJ
9,2 g E, 3,3 g F, 5,1 g KH

Wiwaldis Hundekuchen

Für 12 kleine Terrier

200 g weiche Butter
180 g Zucker
1 Prise Salz
5 Eier
400 g Mehl
1 P. Backpulver
abgeriebene Schale von
 1 unbehandelten Zitrone
3 Tl Zitronensaft
4 El Milch

FÜR DIE VERZIERUNG:
250 g weiße Schokolade
250 ml Sahne
Schokonüsse (größere und kleinere)
rosa Rollfondant (oder mit Lebensmittelfarbe eingefärbtes Marzipan)

Für dieses Rezept brauchen Sie ein Muffinblech für normale und eins für Mini-Muffins sowie entsprechende Papierförmchen.

Den Backofen auf 200 °C (Umluft 180 °C) vorheizen. Die Butter mit dem Zucker und dem Salz schaumig schlagen. Nach und nach die Eier darunterquirlen. Mehl, Backpulver, Milch, Zitronenschale und -saft dazu geben und alles zu einem Teig verarbeiten.

Die Muffinbleche mit Papierförmchen auslegen und jedes der standardgroßen Förmchen zu ⅔ mit dem Teig auffüllen. Den restlichen Teig in die Mini-Förmchen verteilen. Beide Bleche auf mittlerer Schiene 20–25 Minuten backen und danach abkühlen lassen.

Die weiße Schokolade hacken und die Sahne erhitzen. Schokolade darin schmelzen. Diese Mischung nun abkühlen lassen und 1 Stunde kühl stellen. Danach nochmal schaumig aufschlagen und in einen Spritzbeutel füllen. Nun nehmen Sie jeweils zwei Minimuffins und kleben sie übereinander auf jeweils einen großen Muffin (als Klebstoff nehmen Sie bitte die eben erwähnte Schokoladen-Sahne! Keinen Sekundenkleber! Und vergessen Sie nicht, bei den Minimuffins das Papier zu entfernen!). Diese so entstandenen Türme nun mit der restlichen Creme ummanteln, sodass in etwa eine Form wie auf dem Foto entsteht. Mit den Schokonüssen Augen und Nase einsetzen und aus dem Rollfondat kleine Zungen formen.

Wiwaldi:
Statt Terriern können Sie natürlich auch andere Hunderassen gestalten. Probieren Sie doch mal einen Labrador, Schäferhund oder Bernhardiner.

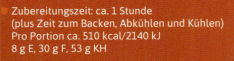

Zubereitungszeit: ca. 1 Stunde
(plus Zeit zum Backen, Abkühlen und Kühlen)
Pro Portion ca. 510 kcal/2140 kJ
8 g E, 30 g F, 53 g KH

Die Wiwaldi-Torte

Für 12 Stücke

FÜR DEN TEIG:
190 g weiche Butter
130 g Rohrzucker
1 Prise Salz
4 Eier (Größe L)
150 g Mehl
1 Tl Backpulver
20 g Kakaopulver zum Backen
40 ml Milch

FÜR DIE DEKORATION:
80 g Erdbeeren
100 g Mascarpone
1 P. Vanillezucker
20 g Frischkäse
½ Tl Kakaopulver
75 g Royal-Icing-Pulver
15 ml Wasser
½ Tl braune Lebensmittelfarbe
20 g weiße Marzipanmasse
1 rosa Zuckerherz

Den Backofen auf 170 °C (Umluft 150 °C) vorheizen. Für den Kuchenteig 180 g weiche Butter mit Rohrzucker und Salz in einer großen Schüssel schaumig schlagen. Die Eier hinzufügen und weiter schlagen, bis die Masse cremig wird. Nun unter weiterem Rühren Mehl, Backpulver, Kakao und Milch dazugeben und alles kurz zu einem gleichmäßigen Teig vermengen. Eine Springform mit einem Durchmesser von ca. 18 cm mit Butter einfetten und den Teig gleichmäßig in die Form füllen. Im vorgeheizten Backofen etwa 50 Minuten backen. Anschließend den Kuchen aus der Form nehmen und auf einem Kuchengitter auskühlen lassen.

In der Zwischenzeit die Erdbeeren waschen, das Grün entfernen, eine Erdbeere zur späteren Dekoration beiseite stellen und die restlichen klein würfeln. Mit Mascarpone und Vanillezucker zusammen gründlich vermengen. Dabei die Erdbeerwürfel mit einer Gabel leicht zerdrücken, damit die Creme eine rosa Farbe annimmt.

Die Oberfläche des ausgekühlten Kuchens mit einem Messer begradigen und die Teigreste mit den Händen in eine Schüssel fein zerbröseln. Mit Frischkäse und den restlichen 10 g Butter vermengen, zu einem Teig verkneten und aus einem Teil eine etwa 5 cm große Kugel für die Nase formen und diese mit Kakaopulver bestäuben. Aus dem anderen Teig eine Halbkugel für die „Hundeschnauze" kneten.

Den Kuchen einmal horizontal mit einem großen Messer halbieren und auf dem unteren Teil die Erdbeercreme verstreichen. Mit der oberen Kuchenhälfte abdecken, im oberen Drittel das halbrund geformte Maul aufsetzen und leicht andrücken. Anschließend für das „Fell" das Royal-Icing-Pulver mit Wasser und brauner Lebensmittelfarbe zu einer gleichmäßigen Masse verrühren. Diese in einen Spritzbeutel mit einer „Spaghetti-Tülle"

Wiwaldi:

Viele haben mich zum Fressen gern. Endlich wird dieser Wunsch wahr!

Zubereitungszeit: ca. 1 Stunde (plus Backzeit)
Pro Stück ca. 320 kcal/1330 kJ
8 g E, 20 g F, 27 g KH

füllen und auf die Torte „Fellohren" oberhalb und seitlich der „Hundschnauze" spritzen. Diese ebenfalls mit Icing-Creme bedecken und die mit Kakao bestäubte Kugel als „Nase" darauf setzen.

Aus Marzipan zwei Kugeln formen und im oberen Bereich als Augen platzieren. Mit je einem Punkt brauner Lebensmittelfarbe die „Pupillen" auf die Marzipankugeln malen.

Nun noch die übrig gebliebene Erdbeere längs in Scheiben schneiden, als „offenen Mund" unter die „Hundeschnauze" legen und mit dem Zuckerherz als „Zunge" vollenden.

Wiwaldis Tipp:

Wer keine „Spaghetti-Tülle" vorrätig hat, kann auch eine Kartoffelpresse oder eine Knoblauchpresse für das Modellieren des „Hundefells" verwenden. Oder nehmen Sie einfach echte Hundehaare! Dann eignet sich die Torte allerdings mehr zur Dekoration als zum Verzehr!

Horst-Pferdinands wilde Zirkusparty

Horst-Pferdinand:

Hallooooo! Mein Name ist Horst-Pferdinand und ich bin ein altes Zirkuspferd! Sie kennen mich bestimmt aus dem Zirkus! Aber wussten Sie, dass ich auch sssssssensationell in der Küche bin? Jaaaa!
Kochen war bei mir in der Familie immer sehr beliebt. Einige haben sogar eine richtig kulinarische Karriere gemacht. Als Sauerbraten oder Lasagne.

In dem Zirkus habe ich immer regelmäßig alle meine Kollegen zum Essen eingeladen. Nur nicht die Schwertschlucker! Die haben mir nämlich immer das Besteck weggefressen!

Wenn ich eine Party feiere, dann ist das wie ein Besuch in dem Zirkus: Es wird was Tolles serviert, alle haben Spaß und hinterher sieht es so aus, als wäre eine Horde Elefanten durch die Wohnung gerannt. Bei meinen Partys war das eigentlich auch immer tatsächlich der Fall.

Am liebsten serviere ich Fingerfood. Der Name ist etwas irreführend, denn in die meisten Rezepte kommen gar keine Finger rein. Außer, Sie haben sehr scharfe Messer und Schüttelfrost.

Und jetzt viel Spaß in der Küchenmanege!

Zielscheiben am Spiess

Für 15 Stück

250 g Weizenmehl
2 Eier
Salz
200 ml Milch
150 ml Brühe
100 ml Rote-Bete-Saft
50 g zerlassene Butter
Fett zum Braten
200 g Frischkäse (Doppelrahmstufe)
4 El fein gehackte frische Kräuter (z. B. Petersilie, Basilikum oder Thymian)
1 Tl Zitronensaft
Pfeffer

15 Holzspieße

Mehl, Eier, 1 Prise Salz und Milch verrühren. Nach und nach Brühe, Rote-Bete-Saft und zerlassene Butter einarbeiten. Den Teig ca. 30 Minuten im Kühlschrank quellen lassen. In der Zwischenzeit können Sie schon mal die Messer wetzen und die ersten Wurfübungen machen!

Den Teig mit einer kleinen Kelle (Fassungsvermögen etwa 4 Esslöffel) in die heiße, ganz leicht gefettete Pfanne (mit möglichst flachem Rand) geben. Den Teig durch vorsichtiges Schwenken gleichmäßig verteilen oder mit einem Crêpe-Schieber kreisförmig verstreichen.

Die Crêpe bei mittlerer Hitze backen, sie sollte nicht zu dunkel werden. Sobald die Oberfläche trocken ist und sich die Ränder von der Pfanne lösen, kann die Crêpe gewendet werden. Machen Sie dies am besten mit einem elegantem Salto. Fortfahren, bis der Teig aufgebraucht ist.

Frischkäse, Kräuter und Zitronensaft glatt rühren und mit Pfeffer und Salz abschmecken.

Die abgekühlten Crêpes mit der Frischkäsecreme bestreichen und aufrollen. Kurz kalt stellen, dann werfen Sie die Messer darauf, um ca. 1,5 cm dicke Scheiben zu schneiden. Falls Ihnen die Werferei zu knifflig ist, schneiden Sie eben ganz normal die Scheiben ab! Je 1 Holzspieß hineinstecken.

Horst-Pferdinand:
Eine meiner köstlichsten Nummern in dem Zirkus war eine Messerwerfernummer. Ab und zu hat sie sogar mal geklappt. Das Schönste an der Nummer war die Zielscheibe, denn die war essbar und im Anschluss der Vorstellung auch immer in mundgerechte Stücke zerteilt!

Zubereitungszeit: ca. 35 Minuten
(plus Quell- und Backzeit)
Pro Stück ca. 185 kcal/775 kJ
5,9 g E, 10,4 g F, 16,7 g KH

Rösti-Burger

Für 10 Stück

10 mittlere Kartoffeln (festkochend)
Pfeffer
Salz
Öl zum Braten
4 Schalotten
50 g Pinienkerne
300 g Spinat
2 Msp. Speisestärke

10 eckige Holzspieße

Die Kartoffeln schälen, raspeln und die Feuchtigkeit von Hand (oder Hufen, wenn Sie ein Pferd sind) ausdrücken. Mit Pfeffer und Salz würzen. In einer Pfanne in Öl 20 kleine Rösti sehr kross braten und abkühlen lassen.

Die Schalotten schälen, klein hacken und mit den Pinienkernen kurz anbraten. Den Spinat gründlich waschen, abtropfen lassen, hinzugeben und garen.

Mit Pfeffer und Salz würzen und mit der Stärke andicken.

Je 2 Rösti mit etwas Spinat zusammensetzen und mit den Holzspießen fixieren.

Horst-Pferdinand:

Ich bin ja ein altes Zirkuspferd und sehr alt! Ich bin so alt, ich war ja dabei, als die Hamburger erfunden wurden! Damals gab es aber noch gar keine Brötchen und Hackfleisch! Wir mussten Röstis und Spinat benutzen!

Zubereitungszeit: ca. 40 Minuten
(plus Bratzeit)
Pro Stück ca. 90 kcal/377 kJ
3,7 g E, 2,7 g F, 12 g KH

Entfesselungshappen

Für 8 Stück

4 Platten TK-Blätterteig
8 Wiener Würstchen
  (oder Veggie-Würstchen)
1 Eigelb
2 El Milch
grobes Meersalz zum Bestreuen
Mayonnaise aus der Tube
16 schwarze Pfefferkörner

Den Backofen auf 200 °C (Umluft 180 °C) vorheizen. Die Blätterteigplatten leicht ausrollen und längs halbieren. Mit einem Messer die Platten in je 3 Streifen schneiden. Die Würstchen mit einer Gabel leicht einpieksen (damit sie nicht platzen). Dann mit Blätterteig einwickeln. Dabei das obere Ende als „Kopf" frei lassen.

Eigelb mit Milch verquirlen und den Blätterteig damit bepinseln. Mit etwas grobem Meersalz bestreuen und auf mittlerer Schiene ca. 10 Minuten backen. Leicht abkühlen lassen und dann mit Mayonnaise und Pfefferkörnern als Mund und Augen verzieren.

Horst-Pferdinand:

Eine der fesselndsten Nummern in dem Zirkus war die des berühmten Entfesselungskünstlers Matt Wurst. Er ließ sich in einen Teigmantel einwickeln und in einen Backofen schieben. Noch bevor der Ofen seine Höchsttemperatur erreichte, wollte er sich befreien. Der Trick hat nie funktioniert. Deswegen ist Matt Wurst auch so berühmt geworden!

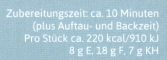

Zubereitungszeit: ca. 10 Minuten
(plus Auftau- und Backzeit)
Pro Stück ca. 220 kcal/910 kJ
8 g E, 18 g F, 7 g KH

Schlangen-PIZZA

Zutaten für 1 Pizzaschlange

FÜR DEN TEIG:
15 g frische Hefe
Zucker
250 g Weizenmehl (Type 550)
1 El Olivenöl
1 Tl Salz

FÜR DEN BELAG:
1 Zwiebel, gehackt
1 Knoblauchzehe, gehackt
1 Tl Öl
250 g gehackte Tomaten (Dose)
½ Bund Oregano, gehackt
1 gelbe Paprika, gewürfelt
1 rote Paprika
Salz
Pfeffer
250 g Mozzarella, in Scheiben geschnitten
1 Ei und Milch zum Bestreichen
2 Oliven

Die Hefe in 100 ml lauwarmes Wasser bröckeln. 1 Prise Zucker und 1 El Mehl dazurühren, alles abdecken und 15 Minuten ruhen lassen. Dann das restliche Mehl dazugeben und mit Öl und Salz zu einem Teig kneten. Mit einem feuchten Tuch abdecken und an einem warmen Ort (zum Beispiel Afrika) so lange ruhen lassen, bis sich das Volumen verdoppelt hat (ca. 1 Stunde). In der Zwischenzeit den Belag vorbereiten: Zwiebeln und Knoblauch in Öl andünsten. Tomaten dazu geben und ca. 15 Minuten köcheln lassen. Vom Herd nehmen und Paprika und Oregano dazugeben. Mit Salz und Pfeffer abschmecken.

Den Backofen auf 200 °C (Umluft 180 °C) vorheizen. Vom Teig ungefähr eine Handvoll (für den Schlangenkopf) abnehmen. Aus dem Rest eine Rolle formen und ausrollen. Schlangenförmig auf ein Backblech mit Backpapier auslegen. Den Kopfteil birnenförmig rollen und vorne an den Körper setzen. Den Kopf und die Seitenränder des Körpers mit einer Mischung aus Ei und Milch bespinseln. Die Tomatensauce auf dem Rücken der Schlange verteilen und mit Mozzarella belegen. Ca. 25 Minuten backen. Danach Oliven mit Zahnstochern als Augen anbringen und aus roter Paprika eine Zunge schnitzen und in den eingeschnittenen Mund der Schlange stecken. Danach die Schlange in den eigenen Mund stecken!

Horst-Pferdinand:
In dem Zirkus hatten wir einen Schlangenmenschen. Da der aber für ein Kochbuch zu unappetitlich war, haben wir uns für eine Schlangen-Pizza entschieden!

Zubereitungszeit: ca. 35 Minuten
(plus Zeit zum Gehen und Backzeit)
Pro Portion bei 6 Portionen ca. 500 kcal/2080 kJ
21 g E, 21 g F, 54 g KH

Krokodilhappen

Für 1 Krokodil

FÜR DIE FÜLLUNG:
2 Brötchen vom Vortag
1 Zwiebel
etwas Öl
1 Bund Petersilie, gehackt
100 g geriebenen Gouda
1 kg Rinderhack (oder Veggie-Hack)
2 Eier
150 g Frischkäse
½ Tube Tomatenmark
Salz
Pfeffer

AUSSERDEM:
8 Platten TK-Blätterteig
1 Ei
1 El Sahne
2 El gehackte Pistazien
   zum Bestreuen
2 Sternanis für die Augen

Die Brötchen in lauwarmen Wasser ca. 10 Minuten einweichen. Die Zwiebel schälen, hacken und im Öl glasig anschwitzen. Beiseite stellen. Blätterteig auftauen lassen.

Den Backofen auf 180 °C (Umluft 160 °C) vorheizen und ein Backblech mit Backpapier auslegen (das ist reine Auslegungssache!). Die Brötchen ausdrücken, kleinzupfen und mit Zwiebeln, Petersilie, Gouda, Hack, Eiern, Frischkäse und Tomatenmark vermischen. Alles salzen und pfeffern. 2 El von der Masse beiseite legen.

6 Blätterteigplatten auf einer bemehlten Arbeitsfläche zu einem großen Rechteck ausrollen und aufs Backblech legen. Hackmasse diagonal daraufgeben, das eine Ende spitz zulaufend zum Krokodilsschwanz formen, das andere Ende zu einer Schnauze formen und aus der beiseite gelegten Masse Kugeln formen und als Augen aufsetzen.

Den Blätterteig nun darüber einschlagen, sodass die Masse vollständig bedeckt ist. Überstehende Reste abschneiden. Daraus 4 Rollen formen und als Beine an das Krokodil ansetzen (mit einem Messer leicht einschneiden). Aus den übrigen Teigplatten Dreiecke schneiden und als Schuppen auf den Rücken des Krokodils legen. Das Ei mit Sahne verquirlen und das Krokodil damit einpinseln. Mit Pistazien bestreuen und Sternanis als Augen andrücken. Auf der mittleren Schiene ca. 60 Minuten backen.

DIE RESTE PASSEN PRIMA IN EINE KROKO-TASCHE!

Horst-Pferdinand:
Eine meiner beliebtesten Nummern in dem Zirkus war die, in der ich meinen Kopf in das Maul eines Krokodils gesteckt habe. Nun drehen wir den Spieß einmal um und stecken den Kopf eines Krokodils in das eigene Maul! Sensationell!

Zubereitungszeit: ca. 30 Minuten
(plus Backzeit)
Pro Portion bei 6 Portionen ca. 800 kcal/3340 kJ
49 g E, 55 g F, 28 g KH

Scherzkekse

Für ca. 20 Kekse

FÜR DEN TEIG:
300 g Mehl
100 g Zucker
1 Prise Salz
200 g weiche Butter
1 Eigelb
etwas Vanillearoma

ZUM VERZIEREN:
ca. 50 g Marzipan
rote Lebensmittelfarbe
ca. 200 g Puderzucker
1 El Zitronensaft
bunte Schokolinsen für die Augen
50 g dunkle Kuvertüre
bunte Zuckerstreusel

Holzspieße

Die Zutaten für den Teig miteinander verkneten, zu einer Rolle (4 cm Durchmesser) formen, in Folie wickeln und ca. 30 Minuten im Kühlschrank ruhen lassen. Backofen auf 180 °C (Umluft 160 °C) vorheizen. Die Rolle in ca. 5 mm dicke Scheiben schneiden, in jede einen (angefeuchteten) Holzspieß stecken. Auf ein Backblech mit Backpapier legen und ca. 8 Minuten backen (sie sollten durchgebacken, aber nicht braun werden). Abkühlen lassen.

Zum Verzieren aus Puderzucker und Zitronensaft eine glatte Paste rühren und die Kekse auf einer Seite damit bestreichen. Aus mit Lebensmittelfarbe gefärbtem Marzipan Nasen kneten und auf die Kekse setzen. Schokolinsen als Augen anbringen. Kuvertüre im Wasserbad schmelzen, in einen Gefrierbeutel füllen, eine kleine Ecke abschneiden und einen kleinen Mund, Pupillen und Haare auf die Kekse malen. Mit Zuckerstreuseln verzieren.

Horst-Pferdinand:
In dem Zirkus hatten wir lustige, aber sehr nervende Clowns. Sie bewarfen alle mit Torten, legten Bananenschalen aus und pflanzten in der Manege Spritzblumen. Damit die sich endlich verkrümeln können, gibt es sie hier nun als Keks!

Zubereitungszeit: ca. 45 Minuten
(plus Kühl- und Backzeit und Zeit zum Auskühlen)
Pro Stück ca. 210 kcal/890 kJ
2 g E, 10 g F, 29 g KH

Fratzenküsse

Für 10 Fratzenküsse

ca. 30 g Zartbitterschokolade
20 Mandelsplitter
2–3 Lakritzfruchtgummis,
  in dünne Scheiben geschnitten
10 Mini-Schokoküsse
rote Lebensmittelfarbe aus der Tube

Die Schokolade im Wasserbad schmelzen. Die Mandelsplitter zur Hälfte hineintauchen und trocknen lassen. Mit Lebensmittelfarbe zwei Augen auf die Schokoküsse malen und auf der Oberseite zwei Punkte markieren und die Mandelsplitter als Hörner hineinstecken. Ebenfalls mit Lebensmittelfarbe Lakritzscheiben als Mund aufkleben.

Horst-Pferdinand:

Wir hatten in dem Zirkus einen Grimassenschneider! Er war sensationell! Er konnte seine Unterlippe so weit über das Gesicht ziehen, dass er sich einmal fast selbst verschluckt hätte. Seine schönsten Fratzen gibt es hier zum Nachmachen! Dieses Rezept trifft absolut den Grimassengeschmack!

Zubereitungszeit: ca. 15 Minuten
(plus Zeit zum Trocknen)
Pro Stück ca. 50 kcal/210 kJ
1 g E, 1 g F, 9 g KH

Zirkuspferd-MUFFINS

Für 4 Muffins

Zitronenschale von 1 Zitrone
Mark von ½ Vanilleschote
100 g weiche Butter
100 g Zucker
1 Prise Salz
2 Eier (Größe M)
100 g Mehl
½ Tl Backpulver
120 g weiße Schmelzdrops
30 g Kokosraspel
blaue, rosa & violette
  Lebensmittelfarbe
120 g weiße Marzipanmasse
8 blaue Gummidrops oder
  runde Bonbons
32 Mandelblättchen
40 g braune Schmelzdrops
2 Tl rosa Zuckerkristalle

Den Backofen auf 180 °C (Umluft 160 °C) vorheizen. Die Zitrone waschen und die Schale fein abreiben.

Nun die Vanilleschote längs mit einem Messer aufschneiden und das Mark von einer Hälfte mit Hilfe eines Messers herausschaben. Das Vanillemark zusammen mit Butter, Zucker und Salz schaumig schlagen. Die Eier hinzugeben und weiterhin cremig rühren. Zum Schluss Mehl, Backpulver und die abgeriebene Zitronenschale unterheben und nur kurz alle Zutaten verrühren, bis ein homogener Teig entstanden ist. Diesen in je 4 große und kleine Muffinförmchen geben und die kleinen Muffins ca. 20 Minuten, die großen 25 Minuten backen. Aus dem Backofen nehmen und auf einem Kuchengitter auskühlen lassen.

In der Zwischenzeit die weißen Schmelzdrops in einer Edelstahlschüssel über heißem Wasserdampf schmelzen lassen. Die Kokosraspel mit blauer Lebensmittelfarbe einfärben, bis der gewünschte hellblaue Ton entsteht.

Die ausgekühlten kleinen Muffins aus den Förmchen lösen und horizontal halbieren. Die oberen Hälften mit etwas Schmelzdropscreme mittig auf die großen Muffins kleben. In der Form und Größe der unteren Muffinhälften je eine Vertiefung in die vordere Seite der großen Muffins schneiden, sodass die kleinen Muffinunterhälften dort als „Maul" hinein geschoben werden können.

Anschließend die zusammengebauten Muffins mit der weißen Schmelzdropsmasse überziehen und mit blauen Kokosflocken bestreuen.

Horst-Pferdinand:

Ich wollte Ihnen an dieser Stelle eigentlich mein Geheimrezept für Zirkuspferdeäpfel verraten. Aber man meinte, dies hier sei leckerer!

Aus dem Marzipan je 8 Kugeln formen und wieder mit Hilfe der Schmelzdropscreme zuerst auf die blauen Gummidrops, danach an die Muffins kleben. Mit violetter Lebensmittelfarbe „Augenlider" und „Pupillen" auf die Marzipankugeln malen. Aus dem restlichen Marzipan 8 spitz zulaufende „Ohren" und 12 „Federn" formen. Hierfür gibt es passende Silikonformen, allerdings kann man auch ohne sie mit ein bisschen Geschick und einem kleinen Messer Federn formen. Je 3 „Federn" und 2 „Ohren" auf die Muffins stecken und die äußeren Federn je rosa und violett mit Lebensmittelfarbe nachzeichnen. Die Ohren mit den restlichen blauen Kokosflocken bekleben.

Nun die Mandelblättchen in einer Pfanne ohne Öl leicht anrösten, bis sie eine gelblich-braune Farbe bekommen. Parallel dazu die braunen Schmelzdrops im Wasserbad schmelzen lassen, in einen kleinen Spritzbeutel füllen und je auf den vorderen Bereich des „Mauls" spritzen. Die Mandelblättchen in der Mitte teilen und je oben und unten 4 halbe Blättchen auf die braune Schmelzdropscreme kleben. Zum Schluss über den Augen die rosa Zuckerkristalle verteilen.

Zubereitungszeit: ca. 60 Minuten
(plus Backzeit)
Pro Stück ca. 890 kcal/3730 kJ
4 g E, 53 g F, 89 g KH

Purzels Grillparty

Wiwaldi:

Als Pitbull ist mein Neffe Purzel kein großer Feinschmecker. Eigentlich geht er zum Essen meistens einfach nur auf den Kinderspielplatz.

Er achtet aber durchaus auf seine Ernährung und nimmt auch gerne mal Rohkost zu sich: rohes Schwein, rohes Rind oder rohes Lamm …

Wenn Purzel eine Party gibt, liebt er es einfach und simpel. Er braucht keinen Ofen, keinen Herd und keinen Schnickschnack wie Töpfe und Pfannen. Ihm reichen ein Feuer, ein Grill und ein paar Tiere!

Kommen Sie mal zu einer seiner Grillpartys und Sie werden merken: Purzel bringt viel Farbe in Ihr Leben. Besonders viel Rot.

Mini-Hamburger

Für 16 Mini-Hamburger

FÜR DIE BRÖTCHEN:
½ Würfel Hefe
120 ml lauwarme Milch
1½ El Zucker
250 g Weizenmehl
25 g Butter, zerlassen
1 Tl Salz
1 Ei
etwas Sesam

FÜR DEN BELAG:
1 Zwiebel
400 g Hackfleisch
3 Eier
2 El Paniermehl
1 El Senf
Chiliflocken
Pfeffer, Salz
50 g Cracker
50 g Frischkäse
70 g Tomatenmark
   (3-fach konzentriert)
15 g Butter
2 Romana-Salatherzen
4 Scheiben Schmelzkäse „Chester"
Öl zum Braten

16 Holzspieße

Hefe, Milch und Zucker verrühren und ca. 10–15 Minuten gehen lassen. Mehl, Butter, Salz und Ei zugeben und alles zu einem glatten Teig kneten. Den Teig 45 Minuten an einem warmen Ort gehen lassen. Den Teig in 16 Portionen teilen, zu Kugeln formen und diese flachdrücken. Eine Seite leicht anfeuchten und in den Sesam drücken. Auf ein mit Backpapier belegtes Backblech setzen, mit einem sauberen Tuch bedecken und weitere 15 Minuten gehen lassen. Im vorgeheizten Backofen bei 185 °C (175 °C Umluft) ca. 15–20 Minuten goldbraun backen. Auskühlen lassen und durchschneiden.

Für die Frikadellen die Zwiebel in sehr feine Würfel schneiden. Das Hackfleisch mit den Zwiebelwürfeln, den Eiern, Paniermehl und Senf zu einer nicht zu weichen Masse verkneten. Eventuell etwas Wasser zugeben. Mit Chiliflocken, Pfeffer und Salz abschmecken. Aus der Hackfleischmasse 16 kleine, flache Frikadellen formen und in heißem Öl gar braten.

Die Cracker in einem Gefrierbeutel mit einem Rollholz fein zerdrücken und mit Frischkäse, Tomatenmark und Butter sorgfältig verrühren.

Die unteren Brötchenhälften mit den Salatblättern belegen. Die Frischkäsemasse von Hand zu dünnen Scheiben formen und auf den Salat legen. Die Frikadellen daraufsetzen. Die Käsescheiben vierteln und auf die Frikadellen legen. Mit den oberen Brötchenhälften bedecken. Mit den Holzspießen fixieren.

Tipp für Vegetarier:

Nehmen Sie Veggiehack oder kleingebröselten Tofu mit Tomatenmark und Grillgewürz vermischt.

Wiwaldi:

Viele beschweren sich bei Partys über zu viele Kalorien. Diese Hamburger sind nur halb so groß und haben daher auch nur halb so viele Kalorien! Da kann man dann auch mal bedenkenlos zwei, drei oder mehr davon essen!

Zubereitungszeit: ca. 35 Minuten
(plus Zeit zum Gehen, Back- und Bratzeit)
Pro Stück ca. 207,6 kcal/867 kJ
10,2 g E, 10,8 g F, 17,3 g KH

Purzels gesunde FLEISCHSPIESSE

Für 4 Personen (oder 1 Pitbull)

3 Schalotten
1 cm frische Ingwerwurzel
75 g Stachelbeeren
1 Tl schwarze Pfefferkörner
1 El Sesamöl
1 kg Rinderfilet
2 El gemahlene Pinienkerne
1 Tl gemahlener Zimt
1 Prise Nelkenpulver
1 Prise Kreuzkümmel
Salz
2 El Mehl
125 g Butter

Holzspieße

Die Schalotten schälen und fein hacken. Den Ingwer schälen und halbieren. Die Stachelbeeren putzen, waschen und trocknen. Die Zutaten mit den Pfefferkörnern und dem Öl im Mixer pürieren.

Das Fleisch waschen, trocken tupfen und in Würfel schneiden. Mit der Ingwer-Stachelbeerglasur einstreichen und auf Spieße stecken. Die Pinienkerne mit Zimt, Nelkenpulver und Kreuzkümmel, Salz und Mehl mischen. Die Butter schmelzen und mit der Mischung verrühren. Die Fleischspieße auf dem heißen Grill etwa 10 Minuten grillen und währenddessen mehrmals mit der Würzbutter bestreichen.

Tipp für Vegetarier:
Lassen Sie alle Zutaten weg, verwenden Sie nur die Spieße und nehmen Sie das Rezept auf der nächsten Seite!

Wiwaldi:
Purzel ist alles andere als spießig! Sein Fressen aber schon! Zumindest dieses! Wenn Sie aus Versehen den Spieß verschlucken und Halsschmerzen bekommen – kein Problem! Das Fleisch ist mit Ingwer glaciert! Ingwer ist gut gegen Halsschmerzen!

Zubereitungszeit: ca. 20 Minuten (plus Grillzeit)
Pro Portion ca. 595 kcal/2499 kJ
55 g E, 39 g F, 6 g KH

Purzels NOCH gesündere OHNE-FLEISCH-SPIESSE

Für 4 Vegetarier

400 g Halloumi-Käse
1 rote Paprika
1 grüne Paprika
8 Champignons
2 Zwiebeln
2 Tl gerebelter Oregano
2–3 Knoblauchzehen
Salz
Pfeffer
Olivenöl

Holzspieße

Den Halloumi in nicht zu kleine Würfel schneiden und in eine Schüssel legen.

Paprika halbieren, entkernen, Trennhäute entfernen, waschen und ebenfalls in gefällige Stücke schneiden.

Champignons putzen und die Stiele herausdrehen. Zwiebeln schälen und in Achtel schneiden. Paprika und Zwiebel zum Halloumi geben. Oregano darüberstreuen. Knoblauch schälen und hacken. Pilze, Salz und Pfeffer zugeben und das Ganze mit Olivenöl begießen. Die Mischung 2 Stunden durchziehen lassen. Dann Halloumi, die Pilze, Paprika und Zwiebeln auf Spieße stecken und auf dem heißen Grill ca. 10 Minuten grillen.

Tipp für Nicht-Vegetarier:

Lassen Sie alle Zutaten weg, nehmen Sie nur die Spieße und nehmen Sie das Rezept auf der vorherigen Seite!

Wiwaldi:

Purzel hat natürlich nichts gegen Vegetarier! Er isst auch gerne Tiere, die sich ausschließlich von Pflanzen ernähren.

Zubereitungszeit: ca. 20 Minuten
(plus Marinier- und Grillzeit)
Pro Portion ca. 410 kcal/1713 kJ
3 g E, 29 g F, 19 g KH

Glacierte Spareribs

Für 4 Portionen

2 kg Spareribs, in Stücke geteilt
Salz
Pfeffer
5 cm frische Ingwerwurzel
Saft von 1 Limette
150 ml Sojasauce
75 ml trockener Sherry
3 El Honig
3 El Kecap manis (süße Sojassauce)
1 Tl Sambal Oelek

Die Spareribs waschen, trocken tupfen und mit Salz und Pfeffer würzen. Den Ingwer schälen und den Saft mit der Knoblauchpresse ausdrücken. Den Ingwersaft mit dem Limettensaft, der Sojasauce, dem Sherry, Honig, Kecap manis und Sambal Oelek verrühren und in einem Topf unter Rühren aufkochen.

Die Spareribs mit der Sauce überziehen und etwa 1 Stunde durchziehen lassen. Mehrmals wenden. Die Spareribs in eine Grillschale legen, mit der Marinade bestreichen und auf dem heißen Grill knusprig grillen. Während des Grillens öfter mit Marinade bestreichen.

Tipp für Vegetarier:
Machen Sie doch heute mal Diät!

Wiwaldi:
Natürlich mag Purzel auch mal was Süßes! Zum Beispiel diese wunderbar süßlichen Spareribs!

Zubereitungszeit: ca. 70 Minuten
(plus Grillzeit)
Pro Portion ca. 498 kcal/2089 kJ
59 g E, 23 g F, 8 g KH

Hüftsteak
mit Grilltomaten

Für 4 Personen

4 Hüftsteaks (je ca. 200 g)
abgeriebene Schale 1 unbehandelten Zitrone
4 El Bourbon-Whiskey (Nicht verwechseln mit Bourbon-Vanille!)
1 Spritzer Tabasco
3 Knoblauchzehen
1 Tl Paprikapulver
2 Tl Ahornsirup
1 Tl Senf
½ Tl Cayennepfeffer
4 große Tomaten
Salz
Pfeffer
etwas Öl

Die Steaks flach klopfen. Zitronenschale mit Tabasco und Whiskey verrühren. Knoblauch dazupressen und Paprika, Ahornsirup, Senf und Cayennepfeffer hinzufügen.

Diese Marinade mit den Steaks in einen Gefrierbeutel geben, die Marinade einmassieren und ca. 2 Stunden im Kühlschrank ziehen lassen. Danach die Steaks herausnehmen, etwas trocken tupfen und mit Öl bestreichen. Die Tomaten halbieren und ebenfalls mit Öl bestreichen. Die Steaks auf beiden Seiten jeweils 3–5 Minuten grillen.

Die Tomaten mit der Schnittfläche nach unten auf dem Grill rösten. Etwas salzen und pfeffern und alles zusammen servieren.

Wiwaldi:
Dieses Rezept ist so leicht, das können Sie aus der Hüfte heraus machen!

Zubereitungszeit: ca. 30 Minuten (plus Marinierzeit)
Pro Portion ca. 310 kcal/1300 kJ
46 g E, 12 g F, 5 g KH

Seitansteak

Für 4 Personen

500 g Seitan
2 Knoblauchzehen
4 El Olivenöl
1 Tl Salz
1 Tl gemahlener Koriander
1 Tl Sojasauce
1 Tl Balsamessig
1 El frisch gehackte Kräuter (z. B. Thymian, Rosmarin, Oregano)
1 Prise Zucker
Pfeffer

Den Seitan abtropfen lassen und in ca. 1 cm dicke gleichmäßige Scheiben schneiden. Knoblauch abziehen und durch eine Presse drücken.

Olivenöl, Salz, Koriander, Sojasauce, Essig, Kräuter und Knoblauch zu einer Marinade verrühren. Seitan in eine Schale legen und mit der Marinade übergießen. Zugedeckt über Nacht zum Durchziehen in den Kühlschrank stellen.

Die Seitanscheiben aus der Marinade nehmen und abtropfen lassen. Auf den eingeölten Rost des heißen Grills legen und unter Wenden 10–15 Minuten grillen, dabei immer wieder mit der Marinade bestreichen, damit sie nicht austrocknen.

Wiwaldi:
Seitan hat keine Hüfte. Da können Sie das nehmen, was Sie gerade so finden!

Zubereitungszeit: ca. 15 Minuten
(plus Marinier- und Grillzeit)
Pro Portion ca. 250 kcal/1047 kJ
36 g E, 8 g F, 611 g KH

Dip Dip Hurra!

Für 4 Personen

TOMATEN-RELISH:
500 g Tomaten
Saft von ½ Zitrone
1 Tl Salz
¼ Tl Cayennepfeffer
1 Zwiebel
1 Stange Staudensellerie
4 gefüllte Oliven
Salz
Pfeffer

Tomaten-Relish:
Die Tomaten einritzen, in kochendem Wasser blanchieren, kalt abschrecken und häuten. Dann die Kerne entfernen und das Fruchtfleisch würfeln. Mit dem Zitronensaft, Salz und Cayennepfeffer pürieren.

Die Zwiebel schälen und hacken, den Staudensellerie waschen, putzen und hacken, die Oliven fein hacken. Alles mit dem Tomatenpüree mischen, mit Salz und Pfeffer abschmecken und anschließend 30 Minuten durchziehen lassen.

Für 4 Personen

APFEL-CURRY-DIP:
250 g Apfel
1 El Zitronensaft
110 g Quark
110 g Crème fraîche
1 Tl Honig
1 Tl Currypulver
Pfeffer
Salz
Chiliflocken

Apfel-Curry-Dip:
Den Apfel schälen, entkernen und klein schneiden. Mit dem Zitronensaft mischen, damit das Fruchtfleisch nicht braun wird. Mit den restlichen Zutaten mit einem Stabmixer mixen und mit Pfeffer, Salz und Chiliflocken abschmecken.

Tomaten-Relish:
Zubereitungszeit: ca. 20 Minuten
(plus Zeit zum Durchziehen)
Pro Portion ca. 39 kcal/164 kJ
1 g E, 1 g F, 5 g KH

Apfel-Curry-Dip:
Zubereitungszeit: ca. 10 Minuten
Pro Portion ca. 560 kcal/2345 kJ
18,7 g E, 34,2 g F, 43,1 g KH

Für 4 Personen

AUBERGINEN-DIP:
2 Auberginen
Rapsöl
3 Tomaten
2 Knoblauchzehen
1 kleine rote Zwiebel
75 g griechischer Joghurt
2 El Rotweinessig
2 El Zitronensaft
1 El Honig
100 ml Olivenöl
Salz
Pfeffer
½ Bund Petersilie

Auberginen-Dip:

Die Haut der Auberginen mit einer Gabel einstechen (wenn Sie so scharfe Zähne wie Purzel haben, können Sie auch Löcher reinbeißen). Auberginen und Tomaten mit Rapsöl einstreichen. Beides unter dem Grill etwa 15 Minuten rösten (Tomaten nur 8 Minuten). Abkühlen lassen, dann Auberginen halbieren und das Fruchtfleisch herauslösen. Die Tomaten häuten. Knoblauchzehen und Zwiebel mit den Auberginen, Tomaten und dem Joghurt pürieren. Essig, Zitronensaft, Honig und Olivenöl zugeben und glatt rühren. Mit Salz und Pfeffer abschmecken. Die Petersilie waschen, trocknen, klein hacken und unter den Dip heben.

Für 4 Personen

ERDNUSS-DIP:
250 g Erdnussbutter
250 ml Wasser
125 g Kokosmilch
1 kleine Zwiebel, gehackt
2 Knoblauchzehen, zerdrückt
½ Tl Kreuzkümmel, ½ Chilischote
etwas Zitronensaft, Salz

Erdnuss-Dip:

Alle Zutaten vermischen und aufkochen lassen, bis alles eingedickt ist.

Auberginen-Dip:
Zubereitungszeit: ca. 30 Minuten
(plus Backzeit)
Pro Portion ca. 325 kcal/1365 kJ
3 g E, 31 g F, 9 g KH

Erdnuss-Dip:
Zubereitungszeit: ca. 20 Minuten
(plus Kochzeit)
Pro Portion ca. 550 kcal/2310 kJ
18 g E, 36 g F, 34 g KH

Gegrillte Kartoffeln

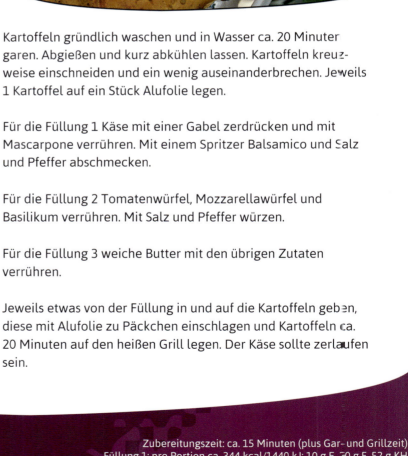

Für 4 Personen

jeweils 4 große Kartoffeln

FÜLLUNG 1:
100 g Camembert
100 Mascarpone
einige Tropfen Balsamico-Essig
Salz
Pfeffer

FÜLLUNG 2:
4 El Tomatenwürfel
4 El Mozzarellawürfel
fein geschn. Basilikum
Salz, Pfeffer

FÜLLUNG 3:
100 g Butter
1 El gehackter Dill
1 El gehackte glatte Petersilie
1 El Schnittlauchröllchen
Salz, Pfeffer
Paprikapulver
abgeriebene Zitronenschale

Kartoffeln gründlich waschen und in Wasser ca. 20 Minuten garen. Abgießen und kurz abkühlen lassen. Kartoffeln kreuzweise einschneiden und ein wenig auseinanderbrechen. Jeweils 1 Kartoffel auf ein Stück Alufolie legen.

Für die Füllung 1 Käse mit einer Gabel zerdrücken und mit Mascarpone verrühren. Mit einem Spritzer Balsamico und Salz und Pfeffer abschmecken.

Für die Füllung 2 Tomatenwürfel, Mozzarellawürfel und Basilikum verrühren. Mit Salz und Pfeffer würzen.

Für die Füllung 3 weiche Butter mit den übrigen Zutaten verrühren.

Jeweils etwas von der Füllung in und auf die Kartoffeln geben, diese mit Alufolie zu Päckchen einschlagen und Kartoffeln ca. 20 Minuten auf den heißen Grill legen. Der Käse sollte zerlaufen sein.

Zubereitungszeit: ca. 15 Minuten (plus Gar- und Grillzeit)
Füllung 1: pro Portion ca. 344 kcal/1440 kJ; 10 g E, 20 g F, 52 g KH
Füllung 2: pro Portion ca. 212 kcal/887 kJ; 11 g E, 5 g F, 51 g KH
Füllung 3: pro Portion ca. 332 kcal/1389 kJ; 5 g E, 22 g F, 54 g KH

Gefüllte Pilze

Für 4 Personen

FÜR DIE PROVENZALISCHEN CHAMPIGNONS:
8 mittelgroße Champignons
2 Knoblauchzehen
1 El gehackte Thymianblätter
6 gehackte Salbeiblätter
1 zerriebenes Lorbeerblatt
4 El Rapsöl
einige Rosmarinnadeln

FÜR CHAMPIGNONS MIT COUSCOUS:
8 mittelgroße Champignons
60 g Couscous
1 rote Paprikaschote
Salz
Pfeffer
1 El gehackte glatte Petersilie
250 g Naturjoghurt
1 El gehackte Minzeblätter

FÜR CHAMPIGNONS MIT RICOTTA:
8 mittelgroße Champignons
1 Knoblauchzehe
150 g Ricotta
Salz
Pfeffer
1 Prise gem. Kardamom
1 Msp. Garam Masala
1 El Schnittlauchröllchen

Für die provenzalischen Champignons die Pilze putzen und die Stiele herausdrehen. Knoblauch abziehen, fein würfeln, mit Öl, Rosmarinnadeln, Thymianblättern, Salbeiblättern und Lorbeer verrühren. Champignonhüte innen und außen mit der Ölmischung bestreichen und mit der Unterseite nach oben auf den heißen Grillrost legen. 2–3 Minuten grillen, nochmals mit Öl bestreichen und weitere 2–3 Minuten grillen.

Für die Champignons mit Couscous die Pilze putzen und die Stiele herausdrehen. Couscous nach Packungsanleitung in kochendem Salzwasser zubereiten. Paprika halbieren, entkernen, Trennhäute entfernen, waschen und in Würfel schneiden. Paprika unter den Couscous rühren und mit Salz und Pfeffer abschmecken. Petersilie untermischen. Pilze mit Couscous füllen und in eine mit Öl bestrichene Grillschale setzen. Joghurt mit Minze, Salz und Pfeffer verrühren. Pilze 10–15 Minuten grillen und mit einem Klecks Joghurt servieren.

Für die Champignons mit Ricotta die Pilze putzen und die Stiele herausdrehen. Knoblauch schälen und durch die Presse drücken. Ricotta mit den restlichen Zutaten verrühren und die Pilze damit füllen. In eine geölte Grillschale setzen und ca. 15 Minuten grillen.

Zubereitungszeit alle Varianten: ca. 10–20 Minuten (plus Gar- und Grillzeit)
Prov. Champignons: pro Portion ca. 55 kcal/231 kJ; 2 g E, 6 g F, 2 g KH
Champignons mit Couscous: pro Portion ca. 83 kcal/346 kJ; 5 g E, 4 g F, 8 g KH
Champignons mit Ricotta: pro Portion ca. 54 kcal/225 kJ; 6 g E, 4 g F, 1 g KH

PURZEL-MUFFINS

Für 6 Muffins

200 g frischer Rotkohl
1 ½ Tl Salz
100 g Möhren
50 g vorgegarte Rote Bete
½ Zwiebel
1 Zweig Petersilie
75 g Maismehl
75 g zarte Haferflocken
1 ½ Tl Backpulver
½ Tl schwarzer Pfeffer
1 Ei (Größe M)
125 ml Buttermilch
1 El Sonnenblumenöl
50 g geriebener Emmentaler
70 g Pankomehl
   (grobe Semmelbrösel)
violette Lebensmittelfarbe
200 g Frischkäse
½ Kohlrabi
6 Radieschen
30 Mandelstifte
1 Tl schwarzer Fischrogen
   (alternativ schwarze Oliven)

Den Backofen auf 180 °C (Umluft 160 °C) vorheizen. Die äußeren Blätter des Rotkohls entfernen und den Rest in feine Streifen schneiden. In einer Schüssel mit 1 Tl Salz vermengen, mit den Händen (oder Pfoten) durchkneten und ziehen lassen. Für den Muffin-Teig anschließend die Möhren waschen, putzen und mit der roten Bete fein reiben. In einem Sieb abtropfen lassen.

Nun die Zwiebel schälen und fein hacken. Petersilie waschen, trocken schütteln und ebenfalls hacken. Das Maismehl in einer Schüssel mit den Haferflocken, Backpulver, ½ Tl Salz und Pfeffer mischen. In einer zweiten Schüssel die Eier schaumig rühren, Buttermilch und Öl unterrühren. Das geriebene Gemüse und die Mehlmischung dazugeben und nur so lange verrühren, bis die trockenen Zutaten feucht sind. Zwiebel, Petersilie und Emmentaler unterheben.

Den Teig in violette Papierförmchen füllen und ca. 35 Minuten backen. Aus dem Backofen nehmen und auf einem Kuchengitter auskühlen lassen.

In der Zwischenzeit das Pankomehl mit violetter Lebensmittelfarbe bis zum gewünschten Farbton vermengen. Den Frischkäse auf den ausgekühlten Muffins verstreichen und mit dem gefärbten Pankomehl bestreuen. Den Kohlrabi schälen und in ca. 5 mm dicke Scheiben schneiden. Aus den Scheiben spitz zulaufende „Hundeohren" schneiden und jeweils zwei „Ohren" in jeden Muffin stecken. Diese ebenfalls dünn mit Frischkäse überziehen und mit Pankomehl bestreuen. Aus den Radieschen die Augen, Augenränder und Nase schneiden. Mit Hilfe von Frischkäse auf die Muffins kleben und jeweils fünf Mandelstifte als „Zähne" in jeden Muffin stecken. Zum Schluss die Rotkohlstreifen als Haare über den Augen drapieren und je eine „Pupille" aus etwas schwarzem Fischrogen (oder Oliven) auf den Augen platzieren.

Zubereitungszeit: ca. 60 Minuten
(plus Backzeit)
Pro Stück ca. 360 kcal/1520 kJ
13 g E, 20 g F, 31 g KH

Die „Kochen wie bei Omi Flönz"-Party

Omi: Hallöchen, liebe Leser! Wir sind das Ehepaar Flönz …!

Opi: … aus Nippes! Wir sind äußerst gesellig!

Omi: Wir laden ganz oft all unsere Senioren-Freunde zu einer Party ein.

Opi: Leider sind die meisten schon so alt und verwirrt, dass sie den Weg nicht finden oder die Einladung vergessen!

Omi: Aber wenn sie dann doch mal kommen, dann lassen wir es richtig krachen!

Opi: Da feiern wir richtig lang! Also mindestens bis 17 Uhr!

Omi: Wir kochen sehr, sehr gerne! Wir machen das immer als Team-Arbeit. Ich koche …

Opi: … und ich esse!

Omi: Der Opi liebt ja meine Kochkunst!

Opi: Richtig! Allein wie die Omi Wasser heiß machen kann. Das kriegt man in keinem Restaurant so.

Omi: Ich nehme dafür ja auch nur die besten Zutaten und koche so, wie ich es von meiner eigenen Omi gelernt habe! Die wiederum hat ja alle Küchentricks von ihrer Omi gelernt! Und die hat es von ihrer Omi, und die hat es von ihrer Omi, und die hat es von ihrer Omi, und die hat es von ihrer Omi!

Opi: Und wo hat DIE all die Rezepte her?

Omi: Keine Ahnung!? Ich muss sie mal anrufen und fragen!

Opi: Wir mögen die traditionelle Küche! Nicht diesen neumodischen Firlefanz, wo man nie weiß, in welchem Laden man das kauft!

Omi: Obwohl ich mittlerweile auch beim Kochen mit der Zeit gehe! Inzwischen benutze ich auch mal so moderne Gewürze wie Salz oder Pfeffer!

Opi: Das hatten wir ja früher alles gar nicht!

Omi: Hier sind jetzt jedenfalls meine Lieblingsrezepte!

Opi: Und wenn Sie – wie ich – nicht gerne kochen: Alle Vitamine aus den Rezepten können Sie sich in der Apotheke auch als Tablette kaufen!

Gulasch-Suppe

Für 4 Personen

- 1 Chilischote
- 1 rote Paprikaschote
- 2 Möhren
- 2 Tomaten
- 300 g Kartoffeln
- 2 Zwiebeln
- 1 Knoblauchzehe
- 500 g Rindfleisch (für die vegetarische Variante: gemischte Pilze oder Seitan)
- 20 g Butterschmalz
- Salz
- Pfeffer
- ½ Tl Majoran
- 1 Tl edelsüßes Paprikapulver
- 2 Tl Tomatenmark
- 1 l Brühe

Chili und Paprika putzen, entkernen und waschen. Die Möhren putzen und schälen. Tomaten waschen, Stielansätze entfernen. Alles würfeln. Die Kartoffeln schälen, waschen und ebenfalls in Würfel schneiden. Die Zwiebeln schälen und grob hacken. Knoblauch schälen und fein hacken. Das Rindfleisch waschen, trocken tupfen und in kleine, mundgerechte Würfel schneiden.

Das Schmalz in einem Schmortopf erhitzen und das Fleisch darin kräftig anbraten. Zwiebeln und Knoblauch hinzufügen und kurz mitrösten. Mit Salz, Pfeffer, Majoran und Paprikapulver würzen. Tomatenmark dazugeben und leicht anrösten.

Das gewürfelte Gemüse dazugeben und kurz unter Rühren anrösten. Mit Brühe ablöschen und alles bei niedriger Temperatur ca. 60–90 Minuten weich kochen. Abschmecken.

Omi: Als der Opi mir damals den Heiratsantrag gemacht hat, wollte ich ihn erst gar nicht!

Opi: Die hat mich mindestens eine Stunde schmoren lassen!

Omi: Heute mach ich das nur noch mit dem Gulasch!

Zubereitungszeit: ca. 30 Minuten (plus Garzeit)
Pro Portion ca. 495 kcal/2072 kJ
35 g E, 32 g F, 16 g KH

LAUCHSUPPE

Für 4 Personen

1 kg Lauch
4 Scheiben Weißbrot
100 ml Olivenöl
100 g Pinienkerne
2 El Mehl
500 ml Brühe
200 g frisch geriebener Parmesan
Pfeffer
einige Basilikumblättchen

"ICH BIN GÜNTHER LAUCH!"

Die Lauchstangen putzen, waschen und nur das Weiße der Stangen in feine Ringe schneiden. Das Weißbrot mit etwas Olivenöl beträufeln und in der Pfanne rösten. Die Pinienkerne im Mörser zerstoßen.

Einen Teil des Olivenöls in einer Pfanne erhitzen und die Lauchringe darin andünsten, bis sie eine goldgelbe Farbe haben (sie dürfen auf keinen Fall braten). 1–2 El Wasser hinzufügen und die Ringe ganz weich werden lassen. Mit dem Mehl bestäuben und abbinden. Die Brühe angießen und den Lauch darin so lange köcheln lassen, bis er fast zerfällt. Die gerösteten Weißbrotscheiben auf 4 feuerfeste Suppentassen verteilen, die Pinienkerne darüber streuen und mit der Lauchsuppe bedecken. Alles gut mit Parmesan bestreuen und mit einigen Tropfen Olivenöl beträufeln. Zum Schluss mit schwarzem Pfeffer würzen und im vorgeheizten Backofen 10–15 Minuten bei 200 °C (Umluft 180 °C) gratinieren. Setzen Sie die Suppentassen auf Unterteller und garnieren Sie den überbackenen Lauch mit einigen Basilikumblättchen.

Omi:

Lauch hat eine nicht ganz laut- und geruchlose Wirkung auf den Körper. Zumindest beim Opi. Legen Sie daher auf alle Fälle für Ihre Gäste Wäscheklammern für die Nase und Ohrstöpsel bereit!

Zubereitungszeit: ca. 45 Minuten
(plus Backzeit)
Pro Portion ca. 809 kcal/3396 kJ
32 g E, 58 g F, 41 g KH

KARTOFFELSALAT

Zutaten für 1 Schüssel voll

1 kg festkochende Kartoffeln
Salz
4 hartgekochte Eier
1 Bund Frühlingszwiebeln
330 g Cornichons (aus dem Glas)
250 ml Salatmayonnaise
150 g Joghurt
2 Tl Senf
Salz
Pfeffer

Die Kartoffeln ca. 20 Minuten in leicht gesalzenem Wasser gar kochen, abkühlen, schälen und in Scheiben schneiden. Die hartgekochten Eier in Scheiben schneiden (vorher schälen!). Die Frühlingszwiebeln und die Cornichons in feine Scheiben schneiden (das Gurkenwasser der Cornichons aufbewahren!). Für die Sauce Mayonnaise, Joghurt und Senf verrühren. Mit Salz und Pfeffer würzen. Kartoffeln, Eier, Zwiebeln und Gurken nun zur Sauce geben und vermischen, mit etwas Gurkenwasser, Salz und Pfeffer abschmecken.

Omi: An Feiertagen mach ich ja immer meinen berühmten Kartoffelsalat!

Opi: Naja ... SO berühmt ist er nun auch wieder nicht! Er hat ja nicht mal eigene Autogrammkarten!

Zubereitungszeit: ca. 20 Minuten
(plus Zeit zum Ziehen und Garzeit)
Pro Portion ca. 630 kcal/2638 kJ
16 g E, 41 g F, 47 g KH

FRIKADELLEN

Für 4 Personen

2 trockene Brötchen
1 Zwiebel, fein gehackt
1 Knoblauchzehe, durchgepresst
etwas Öl
250 g Rinderhack
250 g Schweinehack
1 Ei
Salz
Pfeffer
1 Tl frisch gehackter Majoran
1 El frisch gehackte Petersilie

Die Brötchen in etwas Wasser einweichen. Die Zwiebel in etwas Öl anschwitzen und Knoblauch kurz dazugeben. Abkühlen lassen.

Danach mit allen anderen Zutaten gut verkneten und Kugeln daraus formen, flachdrücken und von beiden Seiten ca. 6 Minuten scharf anbraten.

Omi:
Für meine Frikadellen brauche ich trockene Brötchen. Ich empfehle welche, die ca. 2 Tage alt sind. Wenn Sie also morgen Frikadellen machen wollen, gehen Sie am besten gestern in die Bäckerei!

Zubereitungszeit ca. 15 Minuten
(plus Bratzeit)
Pro Stück ca. 490 kcal/2052 kJ
31 g E, 31 g F, 21 g KH

Haferflocken-Frikadellen

Für 4 Personen

250 ml kräftige Gemüsebrühe
1 El Tomatenmark
250 g Haferflocken
1 Tl Grillgewürz
1 Ei
150 g geriebener Emmentaler
Pfeffer
Salz

Die Gemüsebrühe mit dem Tomatenmark verrühren. Die Haferflocken und das Grillgewürz dazugeben und alles gut vermischen. Die Masse einige Minuten ruhen lassen. Währenddessen den Käse reiben. Dann den Käse und das Ei unter die Haferflocken rühren und die Masse mit Pfeffer und nötigenfalls Salz würzen.

Aus der Haferflockenmasse flache Frikadellen formen und in heißem Öl von beiden Seiten knusprig braten. Dazu schmecken knackige Pommes frites.

Omi:

Wenn Sie kein Hackfleisch im Haus haben, machen Sie doch einfach mal Frikadellen aus Haferflocken! Umgekehrt können Sie auch mal Hackfleisch in Ihr Müsli streuen, aber das schmeckt wahrscheinlich weniger gut.

Zubereitungszeit: ca. 20 Minuten
(plus Bratzeit)
Pro Portion ca. 581 kcal/2433 kJ
22 g E, 34 g F, 74 g KH

Mini-Toast HAWAII

Für 12 Stück

3 Scheiben Toastbrot
100 g Kochschinken in nicht zu dünnen Scheiben (alternativ Veggie-Schinken)
3 Scheiben Schmelzkäse „Chester"
4 Scheiben frische Ananas
6 Cocktailkirschen

12 Holzspieße

Die Brotscheiben toasten und jeweils in 4 kleine Quadrate schneiden. Die Schinken- und die Käsescheiben vierteln. Aus jeder Ananasscheibe mit einem runden Ausstecher 4 Kreise ausstechen.

Die Toasts mit Kochschinken, Ananas und Käse belegen und im Backofen bei 210 °C (200 °C Umluft) ca. 5 Minuten überbacken. Mit je ½ Cocktailkirsche belegen und einen Holzspieß hineinstecken.

Omi:
Wenn ich diese Leckerei serviere, trage ich dabei gerne nichts weiter als eine Hula-Kette und ein Bast-Röckchen!

Opi:
Und ich eine Augenbinde!

Zubereitungszeit: ca. 10–15 Minuten
(plus Backzeit)
Pro Stück ca. 86 kcal/360 kJ
3,7 g E, 4,9 g F, 6,5 g KH

Schinkenröllchen

Für 12 Röllchen

12 weiße Spargelstangen
12 Scheiben gekochter Schinken
Mayonnaise
24 Schnittlauchhalme

Die Spargelstangen schälen, die holzigen Enden entfernen und die Stangen in kochendem Wasser mit etwas Salz und Zucker ca. 20 Minuten garen.

Jede Schinkenscheibe mit Mayonnaise einstreichen, die Spargelstangen halbieren, auf die Schinkenscheiben legen, zusammenrollen und mit Schnittlauchhalmen zubinden!

Omi:

Wenn Sie sehr, sehr, sehr, sehr, sehr viele von diesen leckeren Schinkenröllchen essen, bekommen Sie selbst irgendwann ein paar Schinkenröllchen!

Zubereitungszeit: ca. 10 Minuten
(plus Garzeit)
Pro Stück ca. 35 kcal/147 kJ
3 g E, 2 g F, 1 g KH

Vanille-Pudding & rote Grütze

Mehr brauch ich nicht! Für 4 Portionen

250 ml roter Obstsaft (z. B. Johannisbeer-, Himbeer- oder Kirschsaft)
etwas Zucker
1 El Zitronensaft
20 g Speisestärke
500 ml Milch
1 P. Vanillepuddingpulver
200 ml Sahne
1 P. Vanillinzucker

Den Fruchtsaft mit 1 El Zucker, Zitronensaft und der Speisestärke verrühren und zum Kochen bringen. 1 Minute kochen lassen und zum Abkühlen in eine flache Schüssel geben.

Puddingpulver mit 2 El Milch anrühren. Restliche Milch mit 2 El Zucker zum Kochen bringen und Puddingpulvermilch unterrühren. In eine kalt ausgespülte Puddingform geben, erkalten lassen und auf die rote Grütze stürzen. Sahne mit Vanillinzucker steif schlagen und dazu servieren.

Opi:
Wenn die Omi ihren Kegelabend hat, mach ich es mir zuhause gemütlich! Dann koche ich selbst, und zwar süß & gebissfreundlich!

Zubereitungszeit: ca. 15 Minuten
(plus Kochzeit und Zeit zum Abkühlen)
Pro Portion 345 kcal/1444 kJ
6 g E, 19 g F, 33 g KH

Omis Butterkuchen

Für 1 Blech

FÜR DEN TEIG:
250 ml Milch
500 g Mehl
20 g frische Hefe
75 g Zucker
75 g Butter
1 Ei
Salz

FÜR DEN BELAG:
150 g Butter
75 g Zucker
1 P. Vanillezucker
100 g Mandelblättchen

Milch erwärmen. Mehl in eine große Rührschüssel sieben. In die Mitte des Mehls eine Mulde drücken. Hefe hineinbröckeln. ½ Tl Zucker darüber streuen. Hefe mit etwas lauwarmer Milch und etwas Mehl vom Rand verrühren. Etwas Mehl darüberstäuben. Vorteig etwa 10 Minuten zugedeckt an einem warmen Ort gehen lassen, bis sich Risse bilden.

Butter zerlassen, in die Milch rühren und die Flüssigkeit lauwarm abkühlen lassen. Nach und nach den restlichen Zucker, Ei und die lauwarme Flüssigkeit zu dem Teig geben und mit den Knethaken des Handrührgerätes unterrühren. 1 Prise Salz zugeben und unterrühren. Den Teig mit den Händen weiterkneten, bis er nicht mehr klebt. Mit einem Küchentuch bedeckt an einem warmen Ort ca. 60 Minuten gehen lassen, bis sich das Volumen verdoppelt hat. Den Backofen auf 190 °C (Umluft 180 °C) vorheizen. Den Teig noch einmal gut durchkneten und auf einem eingefettetem Backblech ausrollen.

Für den Belag die Hälfte der Butter schmelzen und auf den Teig pinseln. Die restliche Butter in Flocken darauf verteilen und mit Zucker, Vanillezucker und Mandeln bestreuen. Den Kuchen ca. 20–25 Minuten auf der mittleren Schiene backen.

Zubereitungszeit: ca. 20 Minuten
(plus Zeit zum Gehen und Backzeit)
Pro Portion 240 kcal/1005 kJ
4 g E, 13 g F, 27 g KH

Schwarzwälder KIRSCHTORTE

Für 16 Stücke

FÜR DEN TEIG:
140 g Zartbitterkuvertüre
75 g Butter
6 Eier
Salz
180 g Zucker
100 g Mehl
50 g Speisestärke
2 Tl Backpulver

FÜR DIE FÜLLUNG:
Sauerkirschen aus dem Glas
  (Abtropfgewicht 800 g)
40 g Speisestärke
20 g Zucker
100 ml Kirschwasser
800 ml Sahne
3 P. Vanillezucker

AUSSERDEM:
100 g geraspelte Halbbitter-
  schokolade
16 kandierte Kirschen

Die Kuvertüre mit der Butter im Wasserbad schmelzen, dann abkühlen lassen. Den Backofen auf 175 °C (Umluft 160 °C) vorheizen.

Die Eier trennen. Das Eiweiß mit einer Prise Salz zu steifem Schnee schlagen. Eigelb mit Zucker schaumig rühren. Die gerade noch flüssige Kuvertüre unter die Eigelbmasse rühren und vorsichtig den Eischnee unterheben. Das Mehl mit Speisestärke und dem Backpulver über die Eimasse sieben und locker unterziehen. Den Teig in eine mit Backpapier ausgelegte Springform (26 cm Durchmesser) füllen und 40–45 Minuten backen. Danach auskühlen lassen und dann zweimal waagerecht durchschneiden. Die Kirschen in einem Sieb abtropfen lassen, den Saft dabei auffangen. Speisestärke mit Zucker vermischen und mit etwas Saft glattrühren. Den restlichen Saft zum Kochen bringen, Speisestärke dazugeben und aufkochen. Die Kirschen hinzugeben und etwas abkühlen lassen. Die Hälfte des Kirschwassers dazugeben. Mit dem übrigen Kirschwasser 2 Bisquitböden leicht tränken, diese danach mit der Kirschmasse bestreichen. Abkühlen und fest werden lassen. Die Sahne mit dem Vanillezucker steif schlagen. Den ersten Teigboden auf eine Tortenplatte legen, mit Sahne bestreichen, dann den nächsten Boden darauf, wieder bestreichen usw., bis alle Böden übereinander gestapelt und bestrichen sind. Am Ende die Seiten mit Sahne bestreichen und nach Belieben mit einem Spritzbeutel noch Verzierungen darauf tupfen. Die Seiten mit geraspelter Schokolade bestreuen und die Oberseite mit kandierten Kirschen dekorieren.

Omi:
Wir kommen ja aus Köln-Nippes und mögen vor allen Dingen die regionalen Spezialitäten wie Kölschkuchen, Jedöns-Auflauf oder die Nippeser Pferdesuppe.

Opi:
Aber wir essen auch gerne mal exotische Sachen aus dem Ausland, wie dem Schwarzwald!

Omi:
Und wenn man dem Ganzen einen regionalen Touch geben will, verziert man es einfach mit Omi & Opi!

Zubereitungszeit: ca. 50 Minuten
(plus Back- und Kühlzeit)
pro Stück ca. 45 kcal/1860 kJ
7 g E, 24 g F, 48 g KH

Omi:
Hier gibt es den tollen Tortenmarkierer zum Herunterladen und Ausdrucken:
www.komet-verlag.de/wiwaldi

Die „Alles ist schief gegangen"-Party vom Jammerlappen

Jammerlappen:

Ich mag keine Partys. Sie sind laut, sie sind voller Leute und nach ungefähr zwei Minuten gehen mir die Gesprächsthemen aus. Warum feiert man überhaupt? Wenn ich mich mit Leuten in einem überfüllten Raum unterhalten will, setz ich mich ins Wartezimmer von meinem Arzt! Da bekommt man übrigens auch Rezepte!

Jedes Mal, wenn ich eine Party feiern will, geht kurz vorher der Herd kaputt oder das Essen brennt an. Wenn Sie nichts anbieten können, werden Ihre Gäste sehr traurig sein! Wer weiß, was dann alles passiert!? Wussten Sie, dass ein Bandwurm sich selbst auffrisst, wenn er nichts zu essen bekommt? Bei meiner letzten Party sind zwölf Bandwürmer einfach so verschwunden! Das war mir sehr peinlich!

Mein Therapeut hat mir gesagt, ich solle mir Rezepte suchen, die schnell gehen, deren Zutaten man immer zuhause hat und für die man im Bestfall nicht mal einen Herd braucht! Ich bezweifle zwar, dass das klappt, aber um meinen Therapeuten und alle eingeladenen Bandwürmer glücklich zu machen, tu ich alles.

KALTE
Avocadosuppe

Für 4 Portionen

6 reife Avocados
2 Bund Kerbel
Saft von 1–2 Zitronen
6 El Olivenöl
6 El Crushed Ice
Meersalz
schwarzer Pfeffer
100 g Erbsen (aus der Dose)
50 g gesalzene Erdnüsse
2 Msp. Chiliflocken

Die Avocados schälen, Kerbelblätter abzupfen, waschen und trocken tupfen; einige Blätter beiseitelegen. Avocadofleisch, Zitronensaft, Kerbelblätter, 1 l kaltes Wasser, Olivenöl und Eis im Mixer pürieren. Mit Salz und Pfeffer kräftig abschmecken. Erbsen in die Suppe rühren. Erdnüsse hacken. Suppe in Schalen füllen und mit Chiliflocken, Erdnüssen und restlichem Kerbel bestreuen.

Jammerlappen:
Wenn der Herd kaputt ist, kann man auch eine Suppe kochen, ohne zu kochen! Wenn die Suppenteller kaputtgehen, können Sie auch alles in einem Eimer servieren!

Zubereitungszeit: ca. 15 Minuten
Pro Portion ca. 380 kcal/1596 kJ
37 g F, 5 g E, 10 g KH

Geschmorte LINSEN

Für 4 Personen

300 g rote Linsen
600 ml Gemüsebrühe
1 rote Zwiebel, gehackt
2 Knoblauchzehen, gehackt
1 Stange Staudensellerie,
  in Ringe geschnitten
1 Möhre, gewürfelt
1 Kartoffel, gewürfelt
1 Tomate, gewürfelt
2 El Olivenöl
1 El frisch gehackter Salbei
Salz
Pfeffer
1 Tl Essig

Die Linsen in der Brühe zum Kochen bringen und ca. 10 Minuten garen. Zwiebel, Knoblauch, Sellerie, Möhre, Kartoffel, Tomate und Salbei in einem Topf mit etwas Öl andünsten. Danach zu den Linsen geben, Deckel aufsetzen und weitere 10 Minuten bei geringer Hitze garen. Mit Salz, Pfeffer und Essig abschmecken.

Jammerlappen:
Die meisten Gäste kommen immer zu spät und lassen einen als Gastgeber immer schmoren! Das Gleiche mache ich jetzt auch mit diesen Linsen!

Zubereitungszeit: ca. 25 Minuten
(plus ca. 10 Min. Garzeit)
Pro Portion ca. 350 kcal/1596 kJ
5 g F, 24 g E, 48 g KH

BROTSALAT

Für 4 Portionen

- 150 g altbackenes Weißbrot
- 125 ml Gemüsebrühe
- 1 Zwiebel
- 1 Knoblauchzehe
- 200 g Tomaten
- 200 g Salatgurke
- 1 Bund Basilikum
- 2 El weißer Aceto balsamico
- 4 El Olivenöl
- Salz
- Pfeffer
- 2 El frisch gehobelter Parmesan

Das Brot würfeln und in der kalten Gemüsebrühe 15 Minuten einweichen. Zwiebel und Knoblauch schälen und fein hacken. Die Tomaten häuten, entkernen und würfeln. Die Gurke schälen und würfeln. Das Basilikum waschen, trocken schütteln und in Streifen schneiden, einige Blättchen für die Dekoration zurückbehalten.

Aus Balsamico, Öl, Salz und Pfeffer ein Dressing bereiten. Das Brot aus der Brühe nehmen. Mit den übrigen Zutaten mischen, mit dem Dressing übergießen und mit Parmesan und Basilikumblättchen bestreuen.

Jammerlappen:
Immer wenn ich einen Salat machen will, sind irgendwelche ekeligen Käfer drin! Oder Raupen! Oder Hasen! Deswegen nehme ich statt Salatblättern nun einfach Brot!

Zubereitungszeit: ca. 20 Minuten
Pro Portion ca. 173 kcal/724 kJ
5 g E, 7 g F, 22 g KH

Schnelle Schnecken
für eine lahme Party

Für 12 Stück

- 3 große, ovale Scheiben Kochschinken (alternativ Käse)
- 12 Cornichons
- 24 Rosmarinnadeln

- 12 Holzspieße

Die Schinkenscheiben jeweils in 4 konische Streifen (eine Seite breiter als die gegenüberliegende) schneiden und vom breiten Ende her aufrollen.

In die Cornichons mit einem Zahnstocher am dickeren Ende 2 kleine Löcher stechen und je 1 Rosmarinnadel als Stielauge hineinstecken.

Die Kochschinkenrolle auf die Cornichons setzen und mit den Holzspießen feststecken.

Jammerlappen:
Ich mag keine Schnecken! Sie sind langsam, sie sind schleimig und sie geben dauernd an, dass sie ein eigenes Haus besitzen. Außerdem riechen sie fürchterlich nach Knoblauchbutter! Diese Schnecken hier sind anders! Sie riechen besser und sind auch schneller zuzubereiten und zu essen!

Zubereitungszeit: ca. 15 Minuten
Pro Stück ca. 12,4 kcal/50 kJ
1,9 g E, 0,4 g F, 0,3 g KH

Jammerlappen
zum Nachtisch

Für ca. 25 Stück

50 g Kokosflocken
4 Eiweiß
Salz
250 g Puderzucker
1 El Speisestärke
50 Minzdragees
50 Lakritzdrops
schwarze Lebensmittelfarbe
einige Lakritzschlangen
   (oder aufgerollte Lakritzschnecken)
etwas Royal-Icing-Masse
   (alternativ etwas Puderzucker mit
   Wasser angerührt als „Klebemasse")

Jammerlappen:
Weil mich die Gäste beim letzten Mal selbst fressen wollten, biete ich nun immer diese schaumige Alternative an. Leider mögen alle Gäste diese Version von mir sogar lieber und führen auch längere Gespräche mit ihnen!

Den Backofen auf 100 °C (Umluft 80 °C) vorheizen. Die Kokosflocken in einer Pfanne ohne Fett (aber mit Hitze) leicht anrösten. Das Eiweiß mit etwas Salz steif schlagen. Puderzucker mit Stärke mischen und unter das Eiweiß rühren. So lange weiterquirlen, bis die Masse sehr steif wird. Das kann ewig dauern! Unter Umständen bis zu 20 Minuten! Portionsweise in einen Gefrierbeutel füllen, eine Ecke abschneiden und ca. 25 kleine Jammerlappen auf ein mit Backpapier ausgelegtes Backblech spritzen. Mit den Kokosflocken bestreuen.

Auf mittlerer Schiene etwa 50 Minuten im Ofen mehr trocknen als backen. Damit die Feuchtigkeit gut entweichen kann, einen Kochlöffel in die Backofentür klemmen (das ist übrigens auch ein Tipp, wenn Sie auf einer Party sind, von der Sie fliehen wollen … klemmen Sie einen Kochlöffel in die Haustür!).

Währenddessen können die Augen vorbereitet werden. Dazu die Royal-Icing-Masse mit ein paar Tropfen Wasser vermengen, sodass eine klebrig dicke Masse entsteht. Jeweils ein Minzdragee auf die obere Hälfte eines Lakritzdrops mit Hilfe der Icing-Masse kleben. Das obere Drittel der Minzdragees diagonal mit der schwarzen Lebensmittelfarbe ausmalen, sodass die Augenlider entstehen. Darunter jeweils noch einen Punkt als Pupille setzen.

Die fertig gebackenen „Jammerlappen" langsam im Ofen auskühlen lassen, damit der Baiser keine Risse bekommt. Anschließend die Augen mit etwas Icing-Masse im oberen Bereich ankleben.

Zum Schluss die Lakritzschlange in ca. 6 cm lange Stücke schneiden und in Wellenform jeweils unter die Augen auf den Baiser kleben.

Zubereitungszeit: ca. 40 Minuten
(plus Backzeit und Zeit zum Abkühlen)
Pro Stück ca. 70 kcal/300 kJ
1 g E, 1 g F, 14 g KH

Die Cocktailparty VOM HAI

Hai:

Hai! Kochen ist überbewertet! Wer eine richtige Party feiern will, braucht nur drei Sachen: Alkohol, Alkohol und Alkohol! Und zwar genau in dieser Reihenfolge!

Jeder Arzt wird Ihnen bestätigen, dass man jeden Tag viel trinken soll! Mit diesen Rezepten wird jede Party zu einem Hai-Light!

Das Schöne ist, Sie brauchen sich auch die Namen Ihrer Gäste nicht merken ... am nächsten Morgen werden Sie eh alles wieder vergessen haben!

Ich kann voller Stolz sagen, dass ich am Morgen nach einer Party noch nie einen Filmriss hatte! Morgens schlaf ich nämlich noch und stehe erst mittags auf!

DIE HAI SOCIETY: DIE BESTEN TRINKFREUNDE

SCHNAPSDROSSEL   GIN PANSE   PROSECCOLIBRI

PINA KOALA   GRAPPAGAI   APEROL SPITZ

WODKANINCHEN   BIERHAHN   WEINHORN

Long Island Ice Tea

Für 1 Glas

2 cl Tequila (weiß)
2 cl Wodka
2 cl Rum (weiß)
2 cl Triple Sec Curaçao
2 cl Gin
3 cl Limettensaft
3 cl Zuckersirup
Eiswürfel
Cola
1 Limettenachtel

Tequila, Wodka, Rum, Triple Sec, Gin, Limettensaft und den Zuckersirup mit ein paar Eiswürfeln kräftig im Shaker schütteln.

Einige Eiswürfel in ein Longdrinkglas geben, den Cocktail aus dem Shaker in das Glas abseihen, mit Cola auffüllen und mit der Limettenscheibe garnieren.

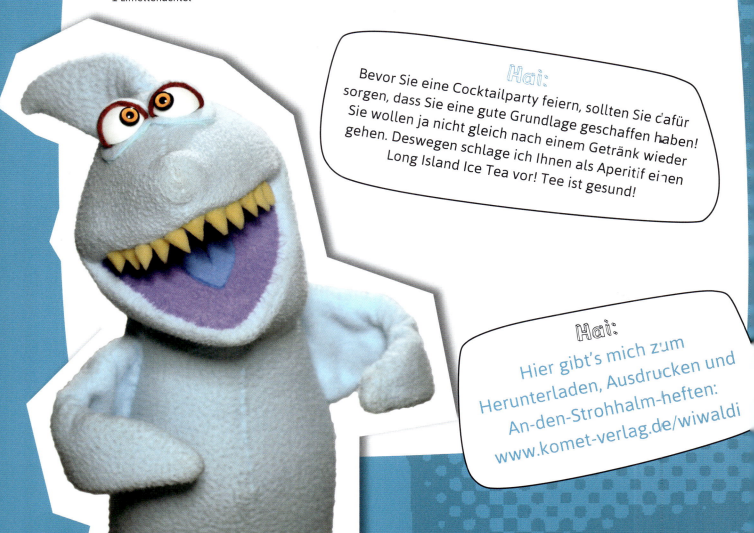

Hai:
Bevor Sie eine Cocktailparty feiern, sollten Sie dafür sorgen, dass Sie eine gute Grundlage geschaffen haben! Sie wollen ja nicht gleich nach einem Getränk wieder gehen. Deswegen schlage ich Ihnen als Aperitif einen Long Island Ice Tea vor! Tee ist gesund!

Hai:
Hier gibt's mich zum Herunterladen, Ausdrucken und An-den-Strohhalm-heften:
www.komet-verlag.de/wiwaldi

HAI-PIRINJA

Für 1 Glas

1 Limette
3 TL Rohrzucker
Crushed Ice
5 cl Cachaça

Hai:
Am liebsten trinke ich dieses Getränk mit meinem Freund Kai Piranha!

Limette in kleine Stücke schneiden. Mit Rohrzucker in einen Tumbler geben und mit einem Stößel zerdrücken. Crushed Ice in das Glas geben und Cachaça darübergießen.

MARGARITA

Für 1 Glas

4 cl Tequila
2 cl Triple Sec Curaçao
2 cl Zitronensaft
Zitronensaft
Salz

Den Rand einer Cocktailschale mit Zitronensaft anfeuchten und dann in Salz tauchen. Tequila, Triple Sec Curaçao und Zitronensaft im Shaker auf Eis mixen und vorsichtig in das vorbereitete Glas gießen. Nach Belieben dekorieren.

Hai:

Viele kennen nur Pizza Margarita!
Dieses Getränk ist ähnlich! Nur flüssig!
Und ohne Teig, Käse und Tomaten!
Dafür aber mit anderen tollen Zutaten!

TEQUILA Sunrise

Für 1 Glas

5 cl Tequila
10 cl Orangensaft
Crushed Ice
2 cl Grenadinesirup
½ Kiwi- und Orangenspalte

Hai:
Ein echtes Hai-Light! Passt prima zum Frühstück! Auch an Tagen, an denen keine Sonne scheint!

Tequila und Orangensaft mit etwas Crushed Ice in einen Shaker geben. Gut durchschütteln, in ein Longdrinkglas füllen und Grenadinesirup langsam dazugeben. Mit je einer halben Kiwi- und Orangenspalte dekorieren.

BLUE LAGOON

Für 1 Glas

Zitronensaft
Salz
4 cl Wodka
2 cl Zitronensaft
3 Barlöffel Blue Curaçao

Hai: Wenn Sie dieses Getränk auf eine blaue Hose schütten ... sehen Sie keine Flecken!

Den Rand einer Cocktailschale mit Zitronensaft anfeuchten und dann in Salz tauchen. Wodka, Zitronensaft und Blue Curacao mit einigen Eiswurfeln im Shaker mixen und in die Cocktailschale abseihen. Mit 1 Zitronenzeste servieren.

SEX on the beach

Für 1 Glas

Crushed Ice
3 cl Wodka
2 cl Melonenlikör
1 cl Grenadinesirup
6 cl Cranberrysaft
6 cl Ananassaft
Eiswürfel
1 Sternfruchtscheibe zum Garnieren
1 Melonenstück zum Garnieren

Crushed Ice in ein Ballonglas geben. Alle Zutaten bis auf d e Dekoration im Mixer mit einigen Eiswürfeln mixen und in cas Glas abseihen. Mit der Sternfrucht und der Melone dekorieren.

Hai: Endlich mal Sex, für den man sich nicht mühselig ausziehen muss!

AMERICANO

Für 1 Glas

3 cl Campari
2 cl Martini rosso
4 Eiswürfel
Eiskaltes Mineralwasser
1/2 Zitronenscheibe

Campari, Martini und die Eiswürfel verrühren. In ein Longdrinkglas abseihen und mit eiskaltem Mineralwasser auffüllen. Mit einer halben Zitronenscheibe garnieren.

Hai:
Wenn Sie den getrunken haben, können Sie danach bedenkenlos Auto fahren! Den sieht man bei der Blutprobe nicht!

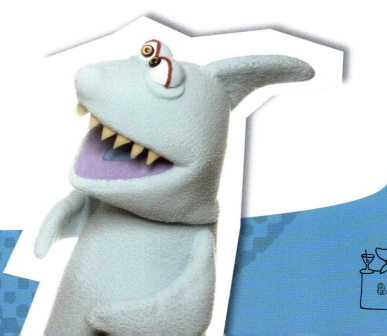

BLOODY MARY

Für 1 Glas

5 cl Wodka
1 cl Zitronensaft
10 cl Tomatensaft
Eiswürfel
Worcestersauce
Tabasco
Selleriesalz
Pfeffer
Selleriegrün zum Garnieren

Wodka, Zitronen und Tomatensaft im Shaker auf Eis kräftig schütteln oder im Mixglas gut verrühren.

Mit Gewürzen abschmecken und mit Selleriegrün garniert servieren.

Hai:
Für Leute, die keinen Rotwein mögen, aber auf die schöne Farbe beim Trinken nicht verzichten wollen!

WHISKEY SOUR

Für 1 Glas

4 cl Whiskey
2 cl Zitronensaft
1 cl Zuckersirup
Eiswürfel
1 Zitronenscheibe
1 Cocktailkirsche

Whiskey, Saft und Sirup im Shaker mit Eis schütteln, in einen Tumbler abseihen, mit der Zitronenscheibe und der Kirsche garnieren.

ROTKÄPPCHEN-Bowle

Für 1 Glas

500 g Zucker
Saft und Schale von 2 Limetten
3 Flaschen Rotwein
1 Flasche Weißwein
½ Flasche Weinbrand
1 l schwarzer Tee
2 Flaschen roter Sekt

Zucker mit Saft und Schale von 2 Limetten, Rot- und Weißwein 2 Stunden ziehen lassen, dann zum Sieden bringen. Weinbrand und schwarzen Tee einrühren. Erkalten lassen und mit rotem Sekt auffüllen.

Hai:
Das können auch Kinder mittrinken!
Kinder lieben Märchen!

DER HAI-SHOT

Für 1 Glas

1 Teil weißer Tequila
1 Teil Blue Curaçao

Den Tequila in ein Shotglas geben. Blue Curaçao vorsichtig über die Innenseite in das Glas unter den Tequila laufen lassen.

> HIERMIT WÄRE DER APERITIF-PUNKT ERREICHT!

Hai:
Wenn Sie jetzt noch stehen können, dann lassen Sie sich davon umhauen!

Charming Traudls Single-Party

Traudl:

Früher hab ich immer davon geträumt, eine große Party mit all meinen Freunden zu feiern. Dazu ist es leider nie gekommen, weil ich gar keine Freunde habe.

Aber man kann auch alleine eine Party feiern! Nur mit sich selbst! Dann muss man hinterher auch nicht so viel aufräumen ... und man muss sich keine Ausrede ausdenken, wenn man keine Lust hat, hinzugehen.

Bei meiner Single-Party mache ich alles wie bei einer normalen Party auch. Ich schmücke die Wohnung und hänge sogar Zettel im Treppenhaus auf. Beim letzten Mal stand sogar die Polizei vor der Tür. Die Nachbarn hatten sich beschwert, weil es so leise ist.

Ich kenne inzwischen auch schon ganz viele Rezepte, die man nur für sich alleine machen kann. Alle immer nur für eine Person!
Wenn ich jetzt doch mal jemanden kennenlerne, den ich einladen kann, muss ich ganz schön viel rechnen, um größere Portionen zu bekommen ...

Möhren-Polenta-HERZEN

Für 2 Personen

1 Tl Salz
150 g grober Maisgrieß
100 g Möhren
150 g Sahne
Salz
frisch gemahlener Pfeffer
Paprikapulver
einige Stängel Petersilie
geriebener Parmesan zum Bestreuen

1 Liter Salzwasser aufkochen, Maisgrieß langsam einrieseln lassen und unter ständigem Rühren nochmals kurz aufkochen. Temperatur reduzieren und Maisgrieß unter ständigem Rühren ca. 30 Minuten quellen lassen.

Polenta nicht zu dick in eine rechteckige Schüssel streichen, mit Frischhaltefolie bedecken und über Nacht auskühlen lassen. Möhren putzen, schälen und fein raspeln. Sahne in einem kleinen Topf einkochen lassen, vom Herd nehmen, Möhren zugeben und darin abkühlen lassen. Mit Salz, Pfeffer und Paprikapulver abschmecken. Petersilie waschen, Blättchen von den Stängeln zupfen und fein hacken.

Grill auf 180 °C vorheizen. Aus der Polenta Herzen ausstechen, auf ein gefettetes Backblech setzen und Sahne-Möhren darauf verteilen. Mit Petersilie und Parmesan bestreuen und im Grill goldbraun braten. Dazu passt ein grüner Salat.

Traudl:
Dieses Rezept ist ideal für das allererste Date! Ich hoffe, ich habe irgendwann mal eins!

Zubereitungszeit: ca. 60 Minuten
(plus Kühlzeit)
Pro Stück ca. 520 kcal/2180 kJ
11 g E, 26 g F, 61 g KH

BROTBLUMEN

Für 1 Person

⅛ Salatgurke
1 Möhre
4 Babyspinatblätter
½ Kohlrabi
2 Scheiben Graubrot
etwas Butter
1 Scheibe Tilsiter
1 Scheibe Schinken
Tomatenmark aus der Tube
Mayonnaise aus der Tube
etwas Kräuterquark

Mit einem Sparschäler von der Salatgurke Streifen abziehen. Von der Möhre vier 2 mm dicke Scheiben schneiden. Den Rest in streichholzlange feine Streifen schneiden. Kohlrabi in dicke Stifte schneiden.

Mit einem Blumenausstecher aus dem Brot 2 Blüten ausstechen und mit Butter bestreichen. Käse und Schinken ebenfalls ausstechen und auf dem Brot verteilen. Auf einem Teller anrichten: Gurkenstreifen und Spinat als Stiel und Blätter anordnen. Kohlrabisticks als Grashalme anlegen. In die Blütenmitte je eine Möhrenscheibe legen. Mit Tomatenmark und Mayonnaise verzieren. Den Quark als Sonne oberhalb der Blüten als Klecks auf den Teller geben und die Möhrenjulienne als Sonnenstrahlen drum herum anordnen.

Traudl:
Ein Abend alleine muss nicht traurig sein ... ich mache mir gerne einen Tischschmuck aus Blumen. Damit die nicht verwelken, am liebsten welche aus Brot. Die kann man später sogar aufessen.

Zubereitungszeit: ca. 30 Minuten
Pro Stück ca. 500 kcal/2110 kJ
29 g E, 20 g F, 52 g KH

Liebel-Ei

Für 1 Portion

- 1 frisches Ei
- 1 Stück weißen Fotokarton (ca. 15 x 7 cm)
- 1 Ess-Stäbchen
- 2 Haushaltsgummis

Das Ei anpiksen und in kochendem Wasser ca. 8 Minuten hart kochen. Sofort in Eiswasser abschrecken und pellen.

Den Fotokarton längs falten und das Ei mittig hineinlegen. Das Ess-Stäbchen längs auf das Ei legen und vorsichtig herunterdrücken, sodass das Ei eine Einkerbung erhält. Mit den Gummibändern alles stabilisieren und im Kühlschrank abkühlen lassen. Danach in Scheiben schneiden.

Passt in einen frischen Feldsalat oder auf ein Brot.

Traudl:

Leider gibt es noch keine Hühner, die herzförmige Eier legen, aber man kann sich mit etwas Übung selbst welche basteln. Wenn es beim ersten Mal nicht klappt – nicht schlimm! Da man auf der Single-Party der einzige Gast ist, kann man sich Zeit nehmen!

Zubereitungszeit: ca. 10 Minuten (plus Kochzeit und Zeit zum Festwerden)
Pro Stück ca. 80 kca /340 kJ
7 g E, 6 g E 1 g KH

Blätterteigherz

Für 1 Person

2 Platten TK-Blätterteig
etwas Mehl
½ Schalotte
1 El Kresse (ersatzweise Schnittlauch)
50 g Sauerrahm
1 El Schinkenwürfel (oder Räuchertofu)
½ Tl Paprikapulver
Salz
frisch gemahlener Pfeffer
1 Ei

Blätterteig auf ein mit bemehltem Backpapier ausgelegtes Backblech legen und ca. 10 Minuten auftauen lassen.

Schalotte schälen und fein würfeln. Kresse abzupfen und waschen. Schalotten und Kresse mit Sauerrahm, Schinkenwürfeln und Paprikapulver mischen. Mit Salz und Pfeffer abschmecken. Aus den Blätterteigplatten zwei Herzen ausstechen.

Ei trennen. Schalotten-Schinken-Mischung auf einem Blätterteigherz verteilen. Ränder mit Eiweiß bestreichen, das zweite Blätterteigherz darüberlegen und die Ränder mit einer Gabel fest andrücken.

Eigelb verschlagen und das Herz damit bestreichen. Im Backofen ca. 15 Minuten bei 160 °C (Umluft 140 °C) goldgelb backen.

Zubereitungszeit: ca. 30 Minuten
(plus Zeit zum Auftauen und Backzeit)
Pro Stück ca. 410 kcal/1730 kJ
13 g E, 29 g F, 25 g KH

Blumenkohlschafe

Für 4 Schafe

FÜR DIE SCHAFE:
4 kleine, festkochende Kartoffeln
1 kleiner Blumenkohl
1 Möhre
2 Schwarze Oliven

FÜR DIE SAUCE:
1–2 Bund Schnittlauch
20 g Butter
20 g Mehl
250 ml Milch
Salz
Pfeffer
Muskatnuss

Die Kartoffeln schälen und in Salzwasser ca. 20 Minuten gar kochen. Den Blumenkohl in einem großen Topf mit Salzwasser ebenfalls gar kochen. Die Möhre in 8 Scheiben schneiden und die letzten 3 Minuten zum Blumenkohl geben. Alles abgießen. Den Strunk des Blumenkohls entfernen und den Kohl vierteln, mit den Kartoffeln so drapieren wie auf dem Foto. Oliven als Augen und Möhren als Ohren anstecken.

Für die Sauce den Schnittlauch in Röllchen schneiden. Butter in einer Pfanne zerlassen, das Mehl darüberstäuben und langsam die Milch dazugießen. Dabei ständig mit einem Schneebesen rühren, damit es keine Klümpchen gibt. Mit Salz, Pfeffer und Muskatnuss würzen.

Traudl:

Ich mag Tiere! Ich hab leider selbst keine Haustiere. Ich hatte mal einen Goldfisch, aber der ist ertrunken. Aber ich mache mir gerne kleine Schafe aus Blumenkohl. Die kratzen auch nicht so wie die Wolle von echten Schafen.

Zubereitungszeit: ca. 40 Minuten
(plus Kochzeit)
Pro Stück ca. 190 kcal/800 kJ
9 g E, 7 g F, 22 g KH

Auberginenröllchen

Für 6 Stück

1 Aubergine
2 El Öl
½ Knoblauchzehe
100 g Quark, 20 %
½ El fein gehackter Thymian
½ El fein gehacktes Basilikum
1 Tl Zitronensaft
½ Tl Johannisbrotkernmehl
6 Cocktailtomaten

16 Holzspieße

Die Aubergine waschen, putzen und längs in dünne Scheiben schneiden. Sofort in einer Pfanne im Öl ca. 2 Minuten von jeder Seite braten und abkühlen lassen.

Den Knoblauch abziehen und fein hacken. Quark, Kräuter, Zitronensaft, Johannisbrotkernmehl und Knoblauch verrühren und ca. 10 Minuten ziehen lassen.

Die Auberginenscheiben mit je 1 Teelöffel Quarkmasse bestreichen und aufrollen.

Die Tomaten waschen, trocknen, halbieren und je 2 Hälften mit den Auberginenröllchen auf die Holzspieße stecken.

Alternativ können Sie statt Auberginen auch Zucchini verwenden.

Traudl:

Viele behaupten, Auberginen sind langweilig, geschmacklos und fad. Das Gleiche behaupten viele auch über mich! Vielleicht mag ich Auberginen deswegen so sehr! Besonders in dieser Zubereitungsform!

Zubereitungszeit: ca. 30–35 Minuten
(plus Bratzeit und Zeit zum Ziehen)
Pro Stück ca. 86 kcal/360 kJ
3,1 g E, 7 g F, 2,9 g KH

Schokoflakes

Für ca. 30 Stück

30 g gehobelte Mandeln
30 abgezogene ganze Mandeln
220 g dunkle Kuvertüre
 (70 % Kakaoanteil)
150 g Nussnougat
60 g Cornflakes

Die gehobelten Mandeln in einer Pfanne ohne Fett goldbraun rösten und abkühlen lassen. Auch die ganzen Mandeln rösten und kalt werden lassen. Die Kuvertüre im warmen Wasserbad schmelzen und auf Handwärme abkühlen lassen.

Die flüssige Kuvertüre, Nougat, Cornflakes und Mandeln von Hand zusammenkneten. Mit zwei Teelöffeln 30 Pralinen auf Backpapier setzen. Je eine Mandel daraufsetzen. Die Pralinen abkühlen lassen. Kühl lagern.

Traudl:
Ich mache von diesen Flakes gern ein paar mehr. Falls ich mal irgendwo eingeladen werde, hab ich dann ein Mitbringsel. Leider werde ich aber nie eingeladen und esse sie dann alle immer alleine.

Zubereitungszeit: 25 Minuten
(plus Kühlzeit)
Die Nährwertangaben möchten Sie lieber nicht wissen! Einfach genießen!

Bananen-Lippenstift

Für 3 Lippenstifte

120 g weiße Schokolade, gehackt
60 ml Sahne
rote Lebensmittelfarbe in der Tube
75 g Zartbitterschokolade
1 große Banane (nicht zu reif)
Puderzucker
Zitronensaft
goldener essbarer Glitter
  zum Bestäuben

Traudl:
Ich schminke mich nicht so gerne ... aber ich mag Lippenstift. Besonders mit Banane!

Die Sahne aufkochen und vom Herd nehmen. Die weiße Schokolade dazugeben und glatt rühren. Mit der Lebensmittelfarbe zu einem schönen Lippenstiftton einfärben (momentan ist Dunkelrosa wieder modern, hab ich in einer Zeitschrift gelesen). Etwas abkühlen lassen, in einen Spritzbeutel mit glatter Lochtülle füllen und ca. 30 Minuten kühl stellen.

Die dunkle Schokolade im Wasserbad schmelzen. Die Banane in 3 gleich lange Stücke schneiden (Enden gerade schneiden!). Vorsichtig an einer Seite ein wenig aushöhlen und mit Zitronensaft benetzen, damit sie nicht braun werden. Von innen und außen mit Puderzucker bestäuben.

Die geschlossene Bananenseite in die dunkle Schokolade tauchen und auf einem Kuchengitter abkühlen lassen. Mit Glitter bestäuben. Die rosa Schokoladensahne nun vorsichtig in die ausgehöhlten Öffnungen spritzen, so dass sie ca. 2 cm über den Rand hinausragen. Mit einem Messer etwas begradigen, sodass die Form eines Lippenstifts entsteht.

Zubereitungszeit: ca. 25 Minuten
(plus Zeit zum Festwerden)
Pro Stück ca. 360 kcal/1520 kJ
4 g E, 22 g F, 38 g KH

TRAUDL am Stiel

Für 4 Stück

Mark von ½ Vanilleschote
50 g weiche Butter
30 g Rohrzucker
1 Prise Salz
1 Ei (Größe S)
35 g Mehl
½ Tl Backpulver
ein paar Tropfen Rumaroma
30 g Frischkäse
4 Lollipop-Sticks
80 g weiße Schokolade
beige Lebensmittelfarbe
10 g weiße Marzipanmasse
schwarze Lebensmittelfarbe
2 Tl goldene Zuckerperlen
1 Lakritzschlange
75 g Royal-Icing-Masse
15 ml Wasser
braune Lebensmittelfarbe

4 Lollipop-Sticks

Zuerst den Backofen auf 170 °C vorheizen. Die Vanilleschote längs halbieren und das Mark herauskratzen. Zusammen mit 40 g Butter, Rohrzucker, Salz und Ei in einer Schüssel schaumig schlagen. Mehl, Backpulver und nach Belieben etwas Rumaroma hinzufügen und rasch zu einem glatten Teig verrühren. Eine Kastenform mit Butter einfetten und den Teig hineingeben. Im Backofen ca. 30 Minuten backen. Danach aus der Form stürzen, auf einem Kuchengitter auskühlen lassen und anschließend mit den Händen den Teig fein in eine Schüssel bröseln. Die Brösel mit Frischkäse und der restlichen Butter verkneten und zu 4 Kugeln formen. Je auf einen Lollipop-Stick stecken und etwa eine halbe Stunde im Kühlschrank fest werden lassen.

In der Zwischenzeit die weiße Schokolade im Wasserbad langsam schmelzen lassen und mit beiger Lebensmittelfarbe einfärben, sodass ein hautfarbener Ton entsteht. Aus der Marzipanmasse 8 ovale, etwas flach gedrückte Kreise formen und mit schwarzer Lebensmittelfarbe „Augenlider", „Augenränder", „Wimpern" und „Pupillen" malen. Ebenso zur Vorbereitung die Lakritzschlange in 4 Teile mit etwa 5 cm Länge schneiden.

Die Cake Pops aus dem Kühlschrank nehmen und mit der geschmolzenen Schokolade überziehen. Während die Schokolade trocknet, die goldenen Zuckerperlen kreisförmig als „Halskette" im unteren Bereich der Cake Pops zügig ankleben. Ebenso die „Marzipanaugen" in die Schokolade drücken und den „Lakritz-Mund" in einem Halbbogen darunter kleben. Für die „Haare" das Icing-Pulver mit Wasser anrühren und mit brauner Lebensmittelfarbe karamellfarben einfärben. Die Masse in einen Spritzbeutel füllen und mit Hilfe einer „Spaghetti"-Tülle die „Haare" auf die Cake Pops spritzen. Wer keine spezielle Tülle vorrätig hat, kann hierzu auch die Icing-Masse durch eine Knoblauchpresse drücken.

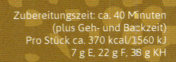

Zubereitungszeit: ca. 40 Minuten
(plus Geh- und Backzeit)
Pro Stück ca. 370 kcal/1560 kJ
7 g E, 22 g F, 38 g KH

KAKERLAKS „Tag danach"-Party

Kakerlak:

Partys? Ohne mich! Wenn ich will, dass jemand meine Wohnung verwüstet, alle Schubladen aufgerissen werden und überall Dreck rumliegt, muss ich keine Party feiern! Da lad ich einfach meine Schwiegermutter ein!

Nach der letzten Party, die ich gefeiert habe, fehlte mir mein Zahn, ich war verheiratet und hatte 20.000 Larven am Hals. So einen Scheiß mach ich nicht nochmal mit!

Das Schönste an einer Party ist der Moment, an dem sie vorbei ist und all die lästigen Gäste wieder weg sind! Dann wird gefeiert! Und zwar richtig!

KATERFRÜHSTÜCK

Für 1 Kater

1 Scheibe Graubrot
2 TL Honigsenf
2 EL Frischkäse
1–2 Scheiben Räucherlachs
 (Vegetarier nehmen besser Käse)
2 Scheiben hart gekochtes Ei
etwas Mayonnaise
etwas schwarzen Kaviar
 (wer es sich leisten kann! Ansonsten
 Kapern oder schwarze Oliven)
2 Gurkenscheiben
1 Kirschtomate
etwas Dill
Schnittlauch

Das Brot erst mit Senf, dann mit Frischkäse bestreichen. Mit Lachs belegen (sodass nichts übersteht) und das Brot schräg durchschneiden. Es sollen zwei „tropfenförmige" Hälften entstehen. Diese so zusammenlegen, dass die spitzen Enden oben die Ohren des Katers ergeben.

Die Eierscheiben als Augen mit etwas Mayonnaise aufkleben und Kaviar als Pupillen daraufsetzen.

Aus Tomate, Gurken und Schnittlauch wird eine Schnauze aufgesetzt und aus dem Dill gestalten Sie kleine Härchen in den Katzenohren (Wenn Sie keinen Dill haben, können Sie auch echte Haare nehmen! Schmeckt aber nicht so spannend!).

Wenn Sie bis zu dieser Stelle das Rezept ausgeführt haben und das Brot so aussieht, wie auf dem Foto, sollte Ihr Kater inzwischen weg sein und Sie können was essen!

Kakerlak:

Das beste Mittel gegen Kater ist eine Schachtel Zigaretten, zwei Flaschen Prosecco und drei Packungen Aspirin. Wenn das nicht hilft, schmieren Sie sich eben ein Brot!

Zubereitungszeit: ca. 10 Minuten
Pro Portion ca. 260 kcal/1090 kJ
12 g E, 15 g F, 20 g KH

KAKERLAKENBROT

Für 16 Scheiben

150 g frischer Baby-Spinat
½ Bund Petersilie
150 ml Milch
460 g Mehl Typ 550
40 g Haferflocken
1 Päckchen Trockenhefe
1 Tl Meersalz
1 Ei (Größe S)
20 g weiche Butter
2 gelbe Paprika
2 Stangen grüner Spargel
2 Kugeln Mini-Mozzarella
½ Tl Salz
1 Avocado
Saft von ½ Zitrone
¼ rote Paprika
1 Zweig Karottengrün
1 Mandelsplitter
½ Tl Kaviar oder schwarze Oliven

Den Backofen auf 230 °C (Umluft 200 °C) vorheizen. Zur Vorbereitung für den Teig die frischen Spinatblätter grob hacken. Die Petersilienblätter waschen, trocken tupfen und von den Stielen zupfen. Zusammen mit dem Spinat fein pürieren. Die Milch lauwarm in einem Topf erwärmen.

In einer großen Schüssel Mehl, Haferflocken, Trockenhefe, Salz, Ei und Butter vermengen. Die Milch hinzugeben und mit der pürierten Spinatmasse unterheben. Anschließend gründlich zu einem homogenen Teig verkneten und in einer abgedeckten Schüssel an einem warmen Ort etwa 1 Stunde gehen lassen.

In der Zwischenzeit die gelben Paprikas waschen, halbieren, entkernen und mit der offenen Seite nach unten auf ein mit Backpapier ausgelegtem Backblech im Ofen etwa 20 Minuten rösten. Sobald sich auf der Paprikaschale schwarze Blasen bilden, das Backblech aus dem Ofen holen und mit einem Küchenhandtuch abgedeckt 20 Minuten abkühlen lassen, damit sich die Schalen besser ablösen lassen. Den Backofen auf 200 °C (Umluft 180 °C) herunterschalten.

Den Brotteig auf einer bemehlten Arbeitsfläche noch einmal kräftig durchkneten, in einen länglichen und einen kleineren „kopfähnlichen" Brotlaib formen. Beide zusammendrücken und auf ein Backblech mit Backpapier setzen und mit Alufolie abdecken. Anschließend im Backofen ca. 25 Minuten backen und danach auskühlen lassen.

Währenddessen die Schale der gelben Paprikas entfernen und die Paprikafilets noch einmal halbieren. Das untere Drittel der Spargelstangen schälen und ca. 3 Minuten in kochendes Salzwasser geben. Spargel danach direkt unter kaltem Wasser abschrecken. Spargelschale für die „Augenlider" zur Seite legen.

Zubereitungszeit ca. 40 Minuten
(plus Geh- und Backzeit)
Pro Scheibe ca. 150 kcal/630 kJ
5 g E, 4 g F, 24 g KH

Die Avocado schälen, den Kern entfernen, das Fruchtfleisch in dünne Scheiben schneiden und mit Zitronensaft beträufeln. Weiterhin aus der roten Paprika 2 ovale Kreise schneiden.

Sobald das Brot ausgekühlt ist, kann mit dem Dekorieren begonnen werden. Hierzu auf dem länglichen Brotlaib von der Mitte zu den Seiten die Paprikafilets anlegen und den Rücken mit Avocadoscheiben belegen. In den oberen „Kopfbereich" die zwei Spargelstangen als „Fühler" ins Brot stecken. Davor zwei Stiele vom Karottengrün als Augenbrauen hineinstecken.

Für die Augen je 1 rotes Paprikastück und eine längs halbierte Mozzarellakugel auf einen Holzspieß stecken und als „Augen" vor den „Augenbrauen" platzieren. Mit einem Messer horizontal eine Mundöffnung in den vorderen Kopfbereich schneiden und den Mandelsplitter hineinstecken.

Zum Abschluss den Kaviar (oder schwarze Oliven) als „Pupillen" auf die Augen kleben und über das rechte Auge ein Stück Spargelschale als „Augenlid" legen.

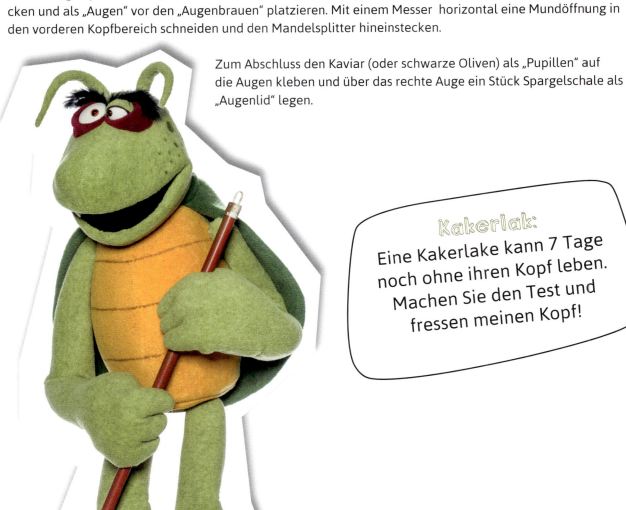

Kakerlak:
Eine Kakerlake kann 7 Tage noch ohne ihren Kopf leben. Machen Sie den Test und fressen meinen Kopf!

Rezeptverzeichnis

Americano 83
Apfel-Curry-Dip 44
Auberginen-Dip 45
Auberginenröllchen 98
Avocadosuppe, kalte 66

Bananen-Lippenstift 101
Blätterteigherz 96
Bloody Mary 84
Blue Lagoon 81
Blumenkohlschafe 97
Brotblumen 92
Brotsalat 69

Entfesselungshappen 25
Erdnuss-Dip 45

Fratzenküsse 31
Frikadellen 56

Gulasch-Suppe 52

Haferflocken-Frikadellen 57
Hai-Pirinja 78
Hai-Shot 87
Hüftsteak mit Grilltomaten 42

Jammerlappen zum
Nachtisch 72

Kakerlakenbrot 108
Kartoffeln, gegrillte 46
Kartoffelsalat 55
Katerfrühstück 106
Kräuterschnitzel am Spieß 14
Krokodilhappen 28
Kürbisknochen auf Salat 9

Lauchsuppe 54
Liebel-Ei 94
Linsen, geschmorte 68
Long Island Ice Tea 76

Margarita 79
Mini-Hamburger 36
Mini-Toast Hawaii 58
Möhren-Kürbis-Suppe 8
Möhren-Polenta-Herzen 90

Olivenmuffins 6
Omis Butterkuchen 61

Penne mit Gemüse-Arrabbiata 10
Pilze, gefüllte 47
Purzel-Muffins 48
Purzels gesunde Fleischspieße 38
Purzels noch gesündere
Ohne-Fleisch-Spieße 39

Risotto mit Steinpilzen 12
Rösti-Burger 24
Rotkäppchen-Bowle 86

Scherzkekse 30
Schinkenröllchen 59
Schlangen-Pizza 26

Schnelle Schnecken für
eine lahme Party 70
Schokoflakes 100
Schwarzwälder Kirschtorte 62
Seitansteak 43
Sex on the beach 82
Spareribs, glacierte 40

Tequila Sunrise 80
Tomaten-Relish 44
Traudl am Stiel 102

Vanille-Pudding & rote
Grütze 60

Whiskey Sour 85
Wiwaldi-Torte 18
Wiwaldis Hundekuchen 16

Zielscheiben am Spieß 22
Zirkuspferd-Muffins 32

Text- und Bildnachweis:

Texte & Zeichnungen: Martin Reinl

Videos und Fotos: bigSmile Entertainment GmbH, Köln

Foodfotografie: pm-photography (7, 15, 23, 24, 37, 58, 91, 99); Studio Klaus Arras (8, 19, 33, 49, 73, 77, 103, 109); Klaus Klaussen (9, 17, 25, 27, 29, 30, 31, 93, 94, 95, 97, 101, 107); TLC Fotostudio (11, 13, 38, 39, 41-47, 53-57, 59-69, 78-86); Jochen Arndt (87); Christian Schneider (91, 96); Foodfotografie Michael Brauner (100)

Foodstyling: Katja Briol (19, 33, 49, 73, 103, 109); Alexandra Fornace (9, 17, 25, 27, 29, 30, 31, 93, 94, 95, 97, 101, 107)

Rezepte: Katja Briol (19, 33, 49, 73, 103, 109), Nina Engels (9, 17, 25, 27, 29, 30, 31, 93, 94, 95, 97, 101, 107)